Martin Schmitz Verlag

Bibliografische Information Der Deutschen Bibliothek
Die Deutsche Bibliothek verzeichnet diese Publikation in der Nationalbibliografie; detaillierte bibliografische Daten sind im Internet über https://portal.dnb.de/ abrufbar.

ISBN 978-3-927795-93-8

Cover/Lektorat: Nadine Demmler
Satz: Sybille Fuchs Grafik
Druck: Thiele und Schwarz | Kassel
Gedruckt auf FSC® zertifiziertem Papier

Marcus Stiglegger

SCHWARZ

Die dunkle Seite der Popkultur

Danksagung

Das vorliegende Buch ist über mehrere Jahrzehnte entstanden. Zahlreiche Menschen haben meinen Lebensweg der letzten 5 Jahrzehnte gesäumt. Ich möchte meinen Eltern Ingrid und Rudolf Stiglegger danken, die nicht immer verstanden, was ich tat, mich aber nach Kräften unterstützten und stets für mich da sind bzw. waren.

Meiner geliebten Lebensgefährtin Nadine verdanke ich sehr viel, und auch sie hat dieses Buch aktiv unterstützt – wie so vieles. Ich habe sie in der schwarzen Subkultur kennen und lieben gelernt. Meinem Verleger Martin Schmitz, der mir anbot, dieses Buch zu machen, habe ich Einblicke in eine Zeit vor meiner Erfahrung zu danken, als Westberlin auf eine ganz eigene Weise schwarz war. Ich selbst war 1991 nach der Öffnung der Mauer erstmals dort – und habe dort in Weißensee Laibach live gesehen.

Folgende Menschen haben mir hier und da mit Hinweisen und Diskussionen weitergeholfen: Alina Antonova, Jörg von Brincken, Nico Bruisma, Martin Büsser (†), Alexandra Czech. Sandy Demmler, Pablo Dodogson, Thomas Elsaesser (†), Knut Enderlein, Eugenio Ercolani, Anton Escher, Pelle Felsch, Oliver Freund, Rainer Fromm, Christian Fuchs, Carsten Heinze, Patty Hele, RP Kahl, Bernd Kiefer, Marcus S. Kleiner, Andreas Marschall, Lothar Mikos. Kai Naumann, Daniel Novak, Alexander Nym, QRT (†), Amin Sabet, Jens Schröter, Holger Schulze, Sebastian Seidler, Sascha Seiler, John Seseika, Wolfgang Sterneck, Rüdiger Suchsland, Danilo Vogt.

Inhalt

The Blackness of the soul is never a simple presence; it's always a revelation.

Alain Badiou
Black. The Brilliance of a Non-Color, 2017

Einleitung

Die Dialektik der Nichtfarben

Like Prometheus
we are bound
chained to this rock
of a brave new world
[...]
This is like a black sun
in a white world
Like having a black son
in a white world.
Brendan Perry, *Black Sun*

So lange ich zurückdenken kann, war ich von der Finsternis fasziniert. Dabei hatte ich als Kind durchaus Angst und brauchte – wie so viele – den feinen Schimmer Licht im Dunkel. Doch dieses Dunkel, diese geheimnisvolle Schwärze, hat mich stets fasziniert.

Schwarz – hört man auf die Naturwissenschaften, handelt es sich dabei nicht einmal um eine Farbe, sondern um die Abwesenheit von Farbe und Licht. Es geht also um Abwesenheit, Ellipse und Verborgenes. Und das Mysterium. Schwarz entzieht sich wie ein fallender Bass-Klang (ein Bass-Drop), der uns direkt in den Abgrund saugt. Das macht es so verführerisch – Schwarz lockt, ohne je zu erfüllen, während Weiß physikalisch als die Summe aller Farben gilt, ein Überfluss, der sich zugleich gegenseitig ausblendet. Je weniger weiß, umso mehr schwarz wird es geben, doch das eine nie ohne das andere – diese Dialektik ist wohl festzuhalten.

Ich erinnere mich nur buchstäblich dunkel, aber meine erste Erfahrung mit der Schwärze war ein kindlicher Asthmaanfall. Da muss ich etwa fünf Jahre alt gewesen sein. Ein Blackout. Danach hatte sich etwas verändert. Ich hatte immer das Gefühl, mit dem Tod an meiner Seite zu leben. Der Tod erschien mir weniger als Angstfigur, sondern als ein Vertrauter, ein Mentor. Und er führte mich an meine frühen Obsessionen heran, die den Weg zur Pubertät säumten: die Musik und Masken von Kiss, Horrorcomics, *John Sinclair*-Heftromane, später Stephen King und Edgar Allan Poe, Bram Stoker und Robert Louis Stevenson. Ich wusste lange nicht, dass es dafür Subkulturen gibt, als ich mit dreizehn meine erste schwarze Jeans wollte – und das war nicht einfach: Schwarz war damals einfach keine Kleidungsfarbe. In seinen Erinnerungen spricht Billy Idol davon, dass sein Vater in den 1970er Jahren lange nach einem schwarzen Hemd für ihn suchen musste. Heute lässt sich kaum vorstellen, wie schwer es noch Ende der 1980er Jahre war, schlichte schwarze Kleidung zu kaufen.

Mich faszinierten die wenigen Punks in meiner Heimatstadt Mainz, die vor dem Theater herumsaßen – und ich ahnte nicht, dass auch ich dort später sitzen würde. Schwarze Lederjacke, schwarze Stiefel – für mich war das immer die naheliegendste Kleidungswahl. Ein Schlüsselerlebnis waren zwei Filme, die ich etwa mit vierzehn Jahren erstmals sah: der postapokalyptische Straßenwestern *The Road Warrior / Mad Max 2 – Der Vollstrecker* (1982) von George Miller und der stylische Vampirfilm *The Hunger / Begierde* (1983) von Tony Scott.

Um mit dem Philosophen Alain Badiou zu sprechen: Die Schwärze der Seele ist nie einfach nur da – sie ist immer eine Offenbarung. In seinem Buch *Black: The Brilliance of a Noncolor* (2017) umschreibt er essayistisch in der Tradition von Maurice Blanchot und Mark Rothko die Weise, wie Text, Gedanke und Fleisch sich zum Verhältnis von Dunkelheit und Licht, zur Dialektik von Schwarz und Weiß verhalten. Methodisch schließt er somit weniger an seine philosophischen, als vielmehr an seine Theater- und Prosatexte an. Dennoch richtet er sich argumentativ nach bestimm-

ten Kategorien (Psychologie, Astronomie, Linguistik, Geschichte, kritische Rassentheorie und Ästhetik). Man mag mein vorliegendes Buch teilweise als eine Antwort auf Badious Essay sehen, und doch habe ich andere Kategorien gewählt, die sich mit den seinen nur sporadisch treffen, vielmehr meinen eigenen Forschungsbereichen Rechnung tragen: populäre Kultur und Performanz, die Frage von Stil und Mode sowie die Ästhetisierung von Politik. Insofern könnte man eher von einer Variante des Essaybandes *Weiß* (2019) von Bret Easton Ellis sprechen, der die amerikanische Kultur in der Reflexion ihrer Popkultur diskutiert.

Während Schwarz physikalisch die Absorbierung des Lichts beschreibt, ist der Begriff ethymologisch vielschichtig und symbolisch aufgeladen. Meist bezeichnet ‚schwarz' das Dunkle (altenglisch, althochdeutsch, altnordisch), aber auch das Verbrannte (proto-Germanisch, proto-indoeuropäisch, niederländisch). Symbolisch bedeutet ‚schwarz' zugleich das Illegale, Verbotene (Schwarzmarkt, Schwarzbrenner, Schwarzarbeit). Als äußere Erscheinung ist damit nicht erst seit der Bibel (Buch der Offenbarung, ein Reiter der Apokalypse reitet auf einem schwarzen Pferd) die Personifikation des Todes und des Untergangs verbunden.

Schwarze Kleidung signifiziert das Außeralltägliche und Erhabene: Priester und Krieger, später auch die dunkle Seite der Sexualität oder schlicht die außeralltägliche Eleganz der öffentlichen Repräsentation (im ‚kleinen Schwarzen' oder dem Tuxedo). Dabei ist Schwarz als Kleidungsfarbe meist nur ein sehr dunkles Blau oder Grau: Je dunkler, umso absorbierender erscheint das Objekt. Schwarzer Samt erscheint auf diese Weise fast strukturlos. Das hochabsorbierende Vantablack lässt auch 3D-Objekte völlig flach erscheinen.

Physikalisch gesehen gibt es ‚reines Schwarz' nur in Form der totalen Abwesenheit des Lichts: in der verneinenden Paradoxie des Schwarzen Lochs im Universum. Das Schwarze Loch steht für die absolute Abwesenheit von Licht und die Überfülle von Materie, für Mangel und Fülle zugleich. Im Sinne von Badiou ein „vitales Nichts". Man geht davon aus, dass sich Schwarze Löcher bilden, wenn sehr massive Sterne (Sonnen) am Ende ihres energetischen Zyklus' zusammenbrechen bzw. implodieren. Nachdem sich auf diese Weise ein Schwarzes Loch gebildet hat, kann es sich ausweiten, indem es weitere Masse aus seiner Umgebung absorbiert. Auf diese Weise summiert sich diese Masse im Zentrum. Schwarz in diesem Sinne kann durchaus als Energie betrachtet werden.

Schwarz ist zugleich die Farbe des Existenzialismus (der schwarze Rollkragenpullover), des Anarchismus (die schwarze Flagge), der Black Panthers, aber es war auch die Farbe des Faschismus (die schwarzen Hemden der Mussolini-Anhänger), der Allgemeinen SS der Nazis und ist noch heute die Grundierung des Islamischen Staates mit seinem arabisch beschrifteten schwarzen Banner. In diesem problematischen Komplex ist die ideologische Dialektik der (Nicht)farbe Schwarz enthalten – ebenso wie im Blick in den Abyssos, der letztlich in uns selbst hineinführt.

Von großem Einfluss auf die folgenden Überlegungen war auch das Buch *In the Dust of this Planet* (2011) des Philosophen Eugene Thacker, der teilweise ähnliche Themen diskutiert und drei Definitionen von Schwarz in einem philosophischen und kulturwissenschaftlichen Sinne liefert: 1. Schwarz steht für *Satanismus*, Opposition und Inversion. 2. Schwarz steht für *Paganismus*, Ausschluss und Alterität. Er erläutert: „Both are united, however, in what amounts to a human-oriented relation to nature and natural forces – with satanism we see a dark technics of dark vs. light forces, and with paganism we see a dark magic of being-on-the-side of nature itself". Als dritte philosophische Definition von Schwarz zitiert er den „Cosmic Pessimism", den er von Arthur Schopenhauer herleitet: 3. Schwarz als *kosmischer Pessimismus* mit seiner dunklen Metaphysik der Negation, des Nichts und des Nicht-Menschlichen. Es kommt dem vorliegenden Buch – das sich mit Popkultur beschäftigt – entgegen, dass Thacker diese drei Definition von Schwarz an Beispielen aus der Black Metal-Musik erläutert. So unterscheidet er den satanistischen Zugang des frühen skandinavischen Black Metal (Mayhem, Darkthrone) vom heidnischen Zugang des internationalen Post-Black-Metal (Wolves in the Throne Room, Ulver) und sieht einen Schritt in Richtung des kosmischen Pessimismus' bei Sunn O))). In diesem Buch werde ich an diese Überlegungen anknüpfen und das Konzept des kosmischen Pessimismus' auch mit Blick auf Dark Ambient-Musik durchdenken (Thacker verweist bereits auf das Ambient-Projekt Lustmord). Wie stets wird es mir weniger um den theoretischen Ansatz an sich gehen, sondern um den konkreten

Nachweis und die Diskussion am ‚Material': *Wie zeigt sich die kosmische Schwärze konkret in der ästhetischen Gestaltung des Werks?*

In diesem Buch diskutiere ich also – anders als Alain Badiou – vor allem die ästhetische, symbolische und philosophische Dimension von Schwarz, weniger die politische Implikation von Kolonialismus und ‚black culture' im Sinne afrikanischer Einflüsse oder der Black Lives Matter-Bewegung. Diese Aspekte spielen hier und da eine Rolle (etwa in den Kapiteln zu Rassismus und Islamismus), sie schließen sich nicht aus, doch das Ziel ist es, grundsätzlich die morbiden Abgründe der Popkultur zu ergründen. Im Englischen würde man hier zwischen ‚*Darkness*' und ‚*Blackness*' unterscheiden – im Deutschen ist das weniger eindeutig. Der vorliegende Band fokussiert auf die ‚*Darkness*' der Popkultur.

Wer meine anderen Veröffentlichungen kennt, weiß, dass ich einen fast klassischen Impuls der Aufklärung verfolge, die auf einem dialektischen Denken aufbaut. In jedem Gedanken schwingt bereits seine Umkehrung, sein Gegenmodell mit. Dessen gilt es sich gewahr zu sein. Meine Schriften sind keine ‚safe zone', ich habe mich immer mit Licht und Schatten gleichermaßen beschäftigt, denn das eine hängt vom anderen ab – um das Licht zu verstehen, muss man den Schatten studieren und umgekehrt. Dieses Vorgehen erfordert eine gewisse Furchtlosigkeit von Autor und Publikum, denn Bequemlichkeiten werden hier vermieden. Und es erfordert ein Vertrauen, sich auf die folgende Reise einzulassen, denn sie mag befremdlich, unheimlich und stellenweise schockierend sein – immer im Bewusstsein, dass ein ‚besseres Leben' nur jenen möglich sein wird, die den Blick in den Abgrund nicht gescheut haben. Ich sehe diesen Ansatz in der Tradition der kulturphilosophischen und poptheoretischen Essays von Mark Fisher, dessen

Buch *Das Seltsame und das Gespenstische* (2017) von großer Inspiration war.

Ich habe mich entschieden, den vorliegenden Band, der ein halbes Jahrhundert morbider Popkultur behandelt, mit einem persönlichen Gespräch abzurunden. Im letzten Abschnitt wage ich mit dem Wiener Filmkritiker und Kulturjournalisten Christian Fuchs, mit dem mich eine Generationenerfahrung und seit zwei Jahrzehnten eine Freundschaft verbindet – obwohl wir uns selten persönlich begegnet sind – den Blick in den Abgrund der Popkultur.

So mag dieses Buch, das zu meinem 50. Geburtstag erscheint, als philosophisches *memento mori* dienen und uns am Ende dennoch wieder ins Licht des Lebens entlassen.

Schwarze Popkultur
(Ok)kultur, Filme und Musik

Rosemaries Babies
Wie Horror und Okkultismus 1968 die Popkultur heimsuchte

> The most important milestone in the history of fantastic cinema was the year 1968: the year of *2001: A Space Odyssey, Planet of the Apes, Rosemary's Baby, Night of the Living dead* and several other seminal works.
> Peter Nicholls: *The World of Fantastic Films*, 1984, 7

> „Gott ist tot", sagte Roman.
> Ira Levin: *Rosemaries Baby*, 1988, 791

Eine teuflische Begegnung

Im Juni 1968 berichtet der spätere US-Geheimdienstmitarbeiter Michael A. Aquino von einem Kinobesuch, der sein Leben prägte: „June 19, 1968: It was a balmy afternoon in San Francisco. [...] Leafing through the newspapers in search of an evening's entertainment, I saw that the highly-publicized film *Rosemary's Baby* was premiering at a theater in the Marina District, and I decided to catch the early screening in order to avoid the crowds arriving for the later show. The film proved to be unexpectedly disturbing - even more so than the novel which had appeared two years earlier. Unlike the formula Hollywood monster movie, it emphasized the unremarkable and ordinary personalities of Rosemary's neighbors – and then revealed them to be just as routinely engaged in bizarre practices of Devil-worship and Black Magic. ‚This is no dream,' gasped a terrified Mia Farrow as she was ravished by Satan. ‚This is really happening!'" Als er das Kino verließ, erregte ein Menschenauflauf Aquinos Aufmerksamkeit: „A late-model black hearse had drawn up to the curb, and from it there emerged four or five men clad completely in black robes. The crowd parted before them, and the manager ushered them through the lobby and into the darkened interior of the building. It all happened so quickly that I had only a momentary look at this singular delegation, but there was no mistaking its central figure – a tall shaven-headed, goateed man with piercing eyes that seemed almost reptilian in their gaze." Aquino war Anton Szandor LaVey, dem Gründer der Church of Satan (gegründet 1966), begegnet, einer okkulten Vereinigung aus San Francisco, der Aquino später selbst beitrat.[1]

Anton Szandor LaVey kam aus der Show- und Varieté-Szene und leitete eine erfolgreiche erotische Tanzformation. Seine ‚Church of Satan' verstand er als eine streng materialistisch ausgerichtete, nicht religiöse Vereinigung, die in rituell inszenierten ‚Psychodramen' eine Selbstaufwertung der Mitglieder anstrebte, die in Reichtum und Sex münden sollte und die Welt dem eigenen Willen unterworfen sehen wollte. Zu den bis heute berühmten Mitgliedern zählen die Schauspieler Sammy Davis jr. und Jayne Mansfield oder die Musiker Boyd Rice, Peter Gilmore und Marilyn Manson. Das schwarze Haus in San Francisco, das als Hauptquartier diente, und die Church of Satan selbst, wurden zu Ikonen der Popkultur. Die Band Eagles nahmen in ihrem Lied ‚Hotel California' möglicherweise Bezug zu dem schwarzen Haus, und im Innencover war angeblich Anton LaVey selbst als Person in einem Fenster zu sehen. Diese Angaben sind allerdings umstritten, auch wenn die Eagles nicht die einzige Popband mit entsprechenden Interessen war. Eine Verbindung zu den Rolling Stones bestand über den offen satanistischen Filmemacher Kenneth Anger, in dessen Film *Invocation of my De-*

1 Allerdings kam es 1975 zum Streit, woraufhin Aquino den Temple of Seth gründete.

mon Brother (1969) sowohl LaVey als auch Mick Jagger zu sehen sind.

Ein weiterer Mythos der Popkultur wurde von LaVey selbst gepflegt: So berichtete er, dass das Team des Films *Rosemary's Baby* ihn vorab als ‚technischen Berater' engagiert hätte, was die Gestaltung der schwarzen Messe betraf, und in der Szene selbst sei er im Teufelskostüm zu sehen.[1] Von Seiten der Produktion wird dies jedoch bestritten, und tatsächlich ähnelt die Szene im Film nicht den theatralischen Ritualen der Church of Satan. Auch ist der Schauspieler bekannt, der den Teufel im Film spielt. Dass sich das Gerücht jedoch lange halten ließ, zeigt, wie reizvoll und wichtig diese Verknüpfung von okkulter Counter Culture und Medienwelt damals war. Immerhin konnte LaVey später sagen, der Film „did for Satanism what *Birth of a Nation* [1915] did for the Ku Klux Klan: our membership soared after its release."[2]

1 Schreck 2018, 190–191

2 LaVey, zit. n. Baddeley 1999, 88

Das Jahr 1968 und die Phantastik

Auf die besondere Bedeutung des Jahres 1968 für die phantastischen Filmgenres stieß ich erstmals 1984 in Peter Nicholls Handbuch „The World of Fantastic Films" (1984). Gleich in der Einleitung begründete er dort seine Einteilung des Buches in die filmgeschichtlichen Abschnitte vor 1968 – die klassische Epoche – und nach 1968 – die moderne Epoche des phantastischen Films. Er knüpft diese These an die Schlüsselfilme *2001: A Space Odyssey / 2001 – Odyssee im Weltraum* von Stanley Kubrick, *Planet of the Apes / Planet der Affen* von Franklin J. Shaffner, *Rosemary's Baby / Rosemaries Baby* von Roman Polanski, *Night of the Living dead / Die Nacht der lebenden Toten* von George A. Romero und *The Witchfinder General / Der Hexenjäger* von Michael Reeves. All diese Beispiele hatten eine langfristige Auswirkung auf die Genres Science Fiction, Horror und Fantasy, die man dem phantastischen Metagenre zuordnen kann.[1] Das Hauptaugenmerk soll hier auf dem Horrorgenre liegen, das mit den Filmen Polanskis, Romeros und Reeves' stark vertreten ist und mit diesen Filmen drei bis heute auch popkulturell einflussreiche Ausprägungen erfährt.

Der klassische Horrorfilm basiert auf der Schauerliteratur des 19. Jahrhunderts, die als *gothic fiction* oder Schwarze Romantik bekannt wurde, zu deren wesentlichen Vertretern Mary W. Shelley, Bram Stoker, Edgar Allan Poe und E. T. A. Hoffmann zählen. Bis 1968 sind es diese literarischen Quellen, die das Horrorgenre inspirierten. Das Genre erlebte seine Hochphasen im deutschen Expressionsimus der 1920er Jahre, im amerikanischen Universal-Pictures-Horror der 1930er, in Jacques Tourneurs und Val Lewtons

1 Siehe hierzu: Stiglegger 2019; Sobchack 1987; Spiegel in Kuhn u. a. 2013, 245–265.

psychologischen Schauerfilmen der 1940er Jahre, im britischen Hammerfilm-Horror der 1950er Jahre, sowie in den internationalen Genrewellen aus Italien, Spanien, Mexiko, Frankreich, Deutschland und Japan in den 1960er Jahren. Fast alle diese Filme waren inhaltlich in der Vergangenheit angesiedelt, behandelten das Grauen aus einer historischen Distanz. Diesen klassischen Zugang gaben die Filmemacher der 1960er Jahre bewusst auf. Kam in Hershell Gordon Lewis' gegenwartsbezogenem Okkulthorror *Blood Feast* (1963) das Grauen zumindest noch als Fluch aus der alten Geschichte Ägyptens vor, blieb es vor allem George A. Romero überlassen, den Horror aus der amerikanischen Gesellschaft der 1960er Jahre heraus zu entwickeln. Nach 1968 sollte der historisch basierte Gothic-Horrorfilm langsam verschwinden (und mit ihm die britischen Hammer Studios, die noch 1975 auf das Konzept bauten), während Filme wie *The Texas Chainsaw Massacre / Blutgericht in Texas* (1974) von Tobe Hooper und *The Exorcist / Der Exorzist* (1973) von William Friedkin weltweiten Erfolg verzeichneten.

Was veränderte sich also mit diesen Schlüsselfilmen im Jahr 1968? Im Zuge der gesellschaftlichen Veränderungen und Tendenzen der westlichen Welt zwischen Vietnamkrieg, Friedensbewegung, sexueller Revolution und Drogenexzess traten zeitkritische Tendenzen auch ins Zentrum des Horrorgenres: Rassismuskritik, Wissenschaftsskepsis und Klassenkampfbewusstsein bildeten latente Subtexte phantastischer Szenarien. Im Zentrum stand dabei der Generationenkonflikt, der die Eltern von ihren Kindern entfremdete. Die Jugend formierte sich in einer Counter Culture, die Sexualität und psychedelische Drogen als Mittel der Freiheit propagierten. In diese Strömung fiel auch eine Auflösung der Zensurmechanismen des klassischen Kinos. Hollywoods Studiosystem war bereits 1962 kommerziell am Ende und musste sich unter neuen Vorzeichen neu formieren. Vor allem die Popkultur kennzeichnete eine transmediale Durchdringung aller medialer Ausdrucksformen. Popmusik wurde zum Soundtrack im New Hollywood-Kino, das mit *The Graduate / Die Reifeprüfung* (1967) und *Easy Rider* (1969) ein jugendliches Publikum begeistern konnte. Die Counter Culture eroberte mit Musik, Sex und Drogen das Kino – und sah ihr dunkles Spiegelbild schließlich auf der Leinwand.

In seiner Einführung in das Filmjahr 1968 nennt Peter Nicholls folgende Elemente[1], die die zeitgenössische Transformation des phantastischen Kinos ausmachten:

1. Sexuelle Gleichberechtigung: Männliche Hauptfiguren weichen vor allem im Horrorkino oft weiblichen Protagonistinnen, die selbst aktiv charakterisiert werden und mitunter als Einzige überleben (*final girl*).

2. Besessenheit / Wahn und Wirklichkeit: Die Grenzen zwischen Wahn und Wirklichkeit verschwimmen, sodass phantastische Elemente durchaus als imaginär entlarvt werden können; zudem kann der Wahn im Menschen selbst das Monströse entfesseln.

3. Verschwörung: Die Gesellschaft wird als Hort einer undurchschaubaren Verschwörung geschildert, die zur Bedrohung des Individuums werden kann; auch hier wird die Angst vor der Verschwörung oft zum Wahn, der in Paranoia münden kann.

4. Wissenschafts- und Technikkritik: Statt auf die Vorzüge der Technik zu verweisen, wird Wissenschaft im phantastischen Film *per se* als mögliche Bedrohung geschildert. Dabei kann die Wissenschaft nachdrücklich in Frage gestellt werden, bis hinein in die Medizin, der alternative Heilmethoden entgegengesetzt werden.

1 Nicholls 1984, S. 134–155

5. Rückkehr des Verdrängten in der Gegenwart: Die Schatten der Vergangenheit erweisen sich im psychoanalytischen Sinne als das im Unbewussten Verdrängte, das jederzeit in die Gegenwart zurückkehren kann. Die Geschichte wird zum Fluch der Gegenwart.

6. Parapsychologie und Telekinese: Im Sinne der Parawissenschaften, die in den 1960er und 1970er Jahre an Popularität gewannen, finden sich Elemente wie Telekinese (d.i. die gedankengesteuerte Manipulation der Umwelt) verstärkt im Kino dieser Zeit. Auch hier kann Wissenschaftsskepsis und -kritik zum Ausdruck kommen.

In den folgenden Abschnitten werde ich diese Aspekte der Genretransformation im Jahr 1968 an drei Schlüsselfilmen diskutieren.

Okkulter Familienhorror

Der B-Movie-Produzent William Castle brachte die noch unveröffentlichten Manuskriptseiten von Ira Levins Roman *Rosemary's Baby* umgehend zu dem damals gut etablierten Paramount-Produzenten Robert Evans mit der Bitte, den Roman zu optionieren und ihm die Regie zu übergeben. Evans erkannte das Potential, engagierte jedoch den aufstrebenden europäischen Regisseur Roman Polanski, der gerade für MGM *The Fearless Vampire Killers / Tanz der Vampire* (1967) gedreht hatte. Castle blieb als ausführender Produzent dabei und taucht im Film kurz als Statist auf. Was Evans an dem Stoff überzeugt hatte, waren offenbar genau jene Aspekte, die den Film zu einer Neudefinition des damals bereits etwas antiquierten Horrorgenres werden ließen. Statt in räumlicher und zeitlicher Distanz ein irreales Geschehen zu entfesseln, spielt *Rosemary's Baby* in der Alltagswelt junger New Yorker der späten 1960er Jahre.

Das frisch verheiratete Paar Guy (John Cassavetes) und Rosemary Woodhouse (Mia Farrow) zieht 1965 in ein altes Gebäude in Manhattan, das Bramford Building. Nach und nach werden die Apartments hier modernisiert, so dass sich eine Mischung aus älteren und jungen Mietern hier findet. Guy hat einigen Erfolg als Bühnen- und Werbeschauspieler und Rosemary möchte in der neuen Wohnung gerne eine Familie mit ihm gründen. Aus der Sicht der jungen Frau lernen wir die asymmetrische Beziehung der beiden kennen, die von Guys Dominanz geprägt ist, wir bekommen die skurrilen Nachbarn vorgestellt, mit denen sich Guy bald angefreundet hat und als Rosemary schwanger wird, erfahren wir mit ihr, wie ihre Umwelt zum Alptraum wird. Es ist Polanskis inszenatorischem Geschick zu verdanken, dass der Film sowohl als Horrorfilm (affirmativ) funktioniert, als auch als Psychothriller (reflexiv) interpretiert werden kann, je nachdem, ob wir Rosemarys Ängste teilen oder in ihnen den Ursprung eines Traumas sehen. Die Verschwörung der gealterten Satanisten in diesem Haus mag real sein, doch Rosemary wird zusehends Opfer ihrer eigenen Verschwörungstheorie. Diese Doppelcodierung, die den Film zum Hybriden zwischen Horror und Thriller macht, ist ein erster Aspekt der Modernisierung. Es gibt im Film keine eindeutigen Hinweise, dass Rosemarys Baby tatsächlich das Kind des Teufels ist, obwohl Rosemarys Gesichtsausdruck ähnliches vermuten lässt, als sie in die Wiege blickt. In Ira Levins Roman verweisen die Kultmitglieder Minnie und Laura-Louise dagegen explizit auf die Hufe und Hörnerknospen des Babys.[1]

Neben der kultivierten Mehrdeutigkeit in der Doppelcodierung weist *Rosemary's Baby* aber weitere Aspekte der Modernisierung auf, die den As-

1 Levin 1988, 791

pekten nach Nicholls entsprechen. In den 1960er Jahren erfuhren psychologische Konsequenzen gesellschaftlicher Probleme wie sozialer Druck, urbane Vereinsamung und Klassenkonflikte eine größere Aufmerksamkeit als zuvor. So lernt Rosemary in der jungen Nachbarin Terry Donoffrio (Angela Dorian) eine junge Ausreißerin kennen, die von den Nachbarn Castevet aufgenommen wurde. Bald jedoch stürzt sich Terry aus der Wohnung in den Tod. Drogensucht und Selbstmord werden so auf eine intensive Weise thematisiert, denn mit der Protagonistin lernen wir die sympathische Figur der Terry zuvor kennen. Sie hätte die einzige Freundin werden können, die Rosemarys Situation wirklich versteht.

An Guy Woodhouse erfahren wir von der harten beruflichen Konkurrenz und dem damit einhergehenden sozialen Druck, den er als Schauspieler in New York erfährt. Erst, als sein Kollege durch einen Unfall erblindet, bekommt Guy jene Rolle, die ihn finanziell sichert. Die Großstadt fördert zwar die Individualisierung und Selbstverwirklichung, doch sie bringt auch die Vereinsamung der Ehefrau, die in der Wohnung zurückbleibt, während Guy seine Karriere verfolgt. Aus dieser Asymmetrie resultieren bald Eheprobleme, die auch sexuelle Gewalt in der Ehe mit sich bringen. Als Rosemary erschöpft einschläft, vergeht sich der alkoholisierte Guy brutal an ihr. Morgens betrachtet sie verwundert ihre Hämatome, während Guy nur abwiegelnd darüber scherzt. Aus Rosemarys Wahrnehmung wurde sie in der Nacht von einem schuppigen Dämon bestiegen, doch in der psychologischen Konsequenz Polanskis können wir dies auch als die Verarbeitung der Vergewaltigung durch Guy werten, der auch in der Traumsequenz mit dem Dämon synonym zu sein scheint. Der Film diagnostiziert so indirekt das Ende der Familie als einer konservativen gesellschaftlichen Instanz – eine

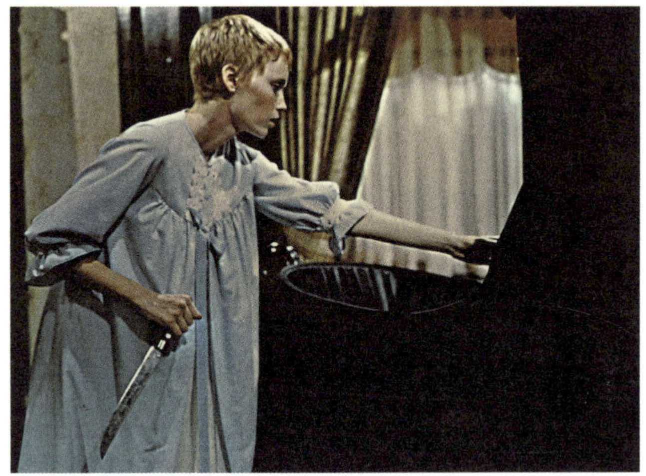

Perspektive, die durchaus den zeitgemäßen Diskurs reflektiert.

Das Bramford-Gebäude könnte durchaus als Geisterhaus (*haunted house*) im Sinne des klassischen Horrorfilms betrachtet werden, in dem sich Vergangenheit und Gegenwart auf unheimliche Weise durchdringen. Polanski spielt mit diesem Motiv der Heimsuchung, in dem er den früheren Mieter Adrian Marcato zu einem (verstorbenen) *gothic villain* stilisiert, dessen Geist in den Mietern weiterlebt: Roman Castevet (Sidney Blackmer) erweist sich als Sohn Marcatos, was Rosemary in einem Buchstabenrätsel herausfindet. Doch auch dieses Element ist letztlich Teil der paranoiden Wahrnehmung der Protagonistin.

Weitere Aspekte der Modernisierung in *Rosemary's Baby* sind die Suche nach alternativer Medizin und entsprechenden Behandlungsmethoden. Dr. Sapirstein (Ralph Bellamy) etwa befürwortet die Kräuterdrinks von Minnie Castevet (Ruth Gordon), die der Schwangerschaft zuträglich sein sollen, jedoch nur Unwohlsein bei Rosemary verursachen. Es verwundert wenig, dass Rosemary erst für kurze Zeit Entlastung findet, als sie alle Behandlungen absetzt und selbstbestimmt handelt. Doch auch ihr selbst gewählter Gynäkologe erweist sich als Mitläufer des Systems, das sich schließlich als satanistische Verschwörung herausstellt.

Analog waren die 1960er Jahre von der Suche nach alternativen Religionen bestimmt, was einerseits in Okkultismus und Magie (ich möchte dies im Folgenden als ‚Okkultur' bezeichnen) mündete, und andererseits in ausbeuterische Sektenstrukturen. Beide Phänomene werden in der satanistischen Hausgemeinschaft im Film gespiegelt. Polanskis Regie schildert diese Verschwörung gegen Rosemary allerdings überhaupt nicht ambivalent, sondern eher hyperaffirmativ zu den gesellschaftlichen Machtstrukturen. Es erscheint daher bemerkenswert, dass LaVey als Gründer der Church of Satan dem Film so positiv gegenüberstand. Der Satanismus im Film erscheint eher skurril, schrullig und patriarchalisch, nie gegenkulturell, hedonistisch oder gar individualistisch.

Dass politische und gesellschaftliche Strukturen als Verschwörungszentrum begriffen werden, ist eine weitere Übereinstimmung mit Nicholls' Thesen. Das paranoide Gesellschaftsmodell spiegelt dabei die Ängste des kalten Krieges nach dem Zweiten Weltkrieg. Der Geheimbund erscheint als schwer fassbares geheimes Machtmonopol. Anders als in den Paranoiathrillern von John Frankenheimer etwa (*The Manchurian Candidate / Botschafter der Angst*, 1962; *Seconds / Der Mann, der zweimal lebte*, 1966) nimmt Polanski diesen Geheimbund aber weniger ernst, sondern parodiert ihn bereits mit einem ironisch-intellektuellen Gestus.

Die besondere Qualität von *Rosemary's Baby* als Horrorfilm ist seine vielschichtig konstruierte Sicht auf die Gesellschaft um 1968. Die Hausgemeinschaft ermöglicht es ihm, mehrere Generationen parallel zu beobachten und ihren Konflikt konkret wie metaphorisch zu entfesseln. In der Folge des großen weltweiten Erfolges von Polanskis Film drehte William Friedkin mit *The Exorcist* einen zutiefst ernsthaften Horrorfilm über das wachsende Misstrauen zwischen Eltern und Kindern. Richard Donner griff diese Tendenz in *The Omen / Das Omen* (1976) wieder auf und beseitigte endgültig jede Doppeldeutigkeit: Damien ist in seinem Film zweifellos die Reinkarnation des biblischen Antichristen.

Zombies als politische Metapher

Wenig später präsentierte George A. Romero aus der Industriestadt Pittsburgh einen anderen Weg der populären Modernisierung der Horrorphantastik als einen schwarzen Spiegel der Gesellschaft. Der wiederkehrende Tote ist eine Konstante der unheimlichen Phantastik, die sich in zahlreichen Konzepten und Subgenres verdichtete. Dabei besteht eine Verwandtschaft zwischen all jenen *gothic*-Kreaturen des Reiches zwischen Leben und Tod: dem blutsaugenden Vampir, der wiedererwachten Mumie, dem leichenfressenden Ghul und schließlich dem auferstandenen Leichnam, dem Zombie. So bedrohlich diese Wesen erscheinen mögen, so tragisch gebärden sie sich. Die Untoten haben den Tod transzendiert und vertreten jenseits des menschlichen Lebens dessen Kontinuität. Dieses Weiterleben hat seinen Preis: eine ewige Suche nach Nahrung (Blut, Fleisch) oder nach Rache an den Lebenden. Gerade in den modernen Adaptionen wird immer wieder die Tragik dieser Zwischenwesen deutlich: Wenn sich die Untoten an ihre menschliche Existenz erinnern und diese zerrbildhaft wiederholen, wenn der Vampir die Einsamkeit seines ewigen Lebens beklagt oder die Mumie ewig nach der verlorenen Liebe sucht, dann erscheinen diese vermeintlichen Schreckenswesen letztlich menschlicher als ihre Jäger. Als modernste Variante der Untoten — wenn zweifellos auch als primitivste — hat sich der Zombie erwiesen: der auferstandene Tote als Metapher für den ewigen Kreislauf des Lebens und dessen wiederkehrende Strukturen — über den Tod hinaus. Und George A. Romero gebührt der Ruhm, dieses Monster-Typus für die Gegenwart erschlossen zu haben. *Night of the Living Dead*, ein privat finanzierter Genrefilm, gedreht in Pittburgh, modernisierte dieses Motiv als eine soziopolitische Metapher, die bis heute populär ist. Ohne Romero sind der Comic und die TV-Serie *The Walking Dead* undenkbar.[1]

Durch die Verschleppung afrikanischer Sklaven nach Mittelamerika (speziell auch Haiti) wurden einst Elemente afrikanischer Kulte von einem Kontinent zum anderen transferiert und verschmolzen mit Teilen christlicher Religion zu einem vielschichtigen Synkretismus. Als Haiti unter US-amerikanischer Besatzung stand (1915–1934), verbreiteten sich Begriffe und Elemente des Voodoo-Kultes bis in die Südstaaten Nordamerikas, wo diese popularisiert und mythisiert wurden. Unter einem Zombie Cadavre versteht man im Voodoo-Kult einen Menschen, der mittels eines Pulvers getötet wird und wenig später als willenloses Wesen wieder aufersteht, um dem Priester (*houngan*) zu dienen. Direkt bezogen aus der Popularisierung haitianischer Mythen wandte sich Hollywood bald einer filmischen Adaption zu. *White Zombie* (1932) von Victor Halperin mischte Motive von Kolonialismuskritik, Sklaverei-Problematik und religiösem Synkretismus zu einem beängstigenden Modell, das direkt aus der gesellschaftlichen Wirklichkeit generiert wurde.

1 Dieses Kapitel folgt stellenweise dem Buch Stiglegger 2018, 102–111

Bereits hier kann man die Zombifikation als eine politische Metapher verstehen, als Abwehr gegen den kolonialen Machteinfluss.

Waren die klassischen Zombiefilme noch am Ursprungsmythos orientiert und in der nahen Vergangenheit verortet, setzte im Jahr 1968 die Modernisierung des Motivs mit Romeros Film endgültig ein.[1] In der Nachwirkung des Zweiten Weltkrieges, des Holocaust, des Koreakrieges, des Kalten Krieges und unter dem frischen Eindruck des langsam eskalierenden Vietnamkrieges kam Romeros Independent-Produktion in die Kinos. Der wohlige Schauer der schwarzen Romantik wurde hier durch eine soziopolitische Komponente ersetzt, denn der Film entstand offensichtlich aus Romeros Wut über ein Amerika am Abgrund des Totalitarismus. Romero stellt eine ungewohnte Frage: Sind es nicht die Menschen, die sich selbst vernichten? Sind die kannibalischen Untoten wirklich gefährlicher als die rassistische Bürgerwehr? Sind die infizierten und nun untoten früheren Menschen nicht immer noch ein Teil dessen, was sie einst waren — selbst wenn ihr Appetit auf das Leben nun tödlich ist? Romeros Zombies entstammen nicht dem Voodoo-Zauber — sie sind von Menschen beschworen und werden zur „ansteckenden Allegorie".[2]

Night of the Living Dead ist ein pessimistisches Porträt der amerikanischen Gegenwart der 1960er Jahre. Zwar hat er mit Barbara (Judith O'Dea) eine weibliche Protagonistin, die sich zeitweise mit dem farbigen Charakter Ben (Duane Jones) verbündet – jedoch droht beiden Hauptfiguren der Tod. Und vor allem den letzten Überlebenden trifft der Hass des Mobs: Er wird von Vigilanten für einen Untoten gehalten und erschossen. Sein Ende auf einem Schei-

1 Nicholls 1984, 68

2 Shaviro 1993, 83–106

terhaufen dokumentiert Romero schließlich in grobkörnigen Schwarzweißfotos, die stark an Dokumente von historischen Genoziden erinnern.

Romero betont noch einmal, was die lebenden Toten tatsächlich sind: einfache tote Amerikaner, die es ins Leben zurück verschlagen hat. Bei Romero ist der Zombie endgültig zu einer Metapher geworden für das moderne Leben im Leerlauf. Nicht die ums Überleben kämpfenden Menschen sind die Norm, sondern ihre untoten, apathischen Gegner, die auch in seinen folgenden Filmen zwischen Vorortsiedlung und Einkaufszentrum umhertorkeln. Das kapitalistische Konsumsystem ist jene Hölle des Gleichen, aus der nur der Untote selbst sich befreien könnte.

Die Geburt des Terrorkinos aus dem Geiste der Hexenjagd

Eine dritte Variante der Modernisierung im Jahr 1968 forcierte der junge britische Regisseur Michael Reeves mit seinem *The Witchfinder General*. Dieser Film kann nicht nur auf Grund seines Titels als eigentlicher Ursprung der Hexenjäger-Welle der frühen 1970er Jahre gelten. In ausgewaschenen Farben – nur das leuchtende Rot der Uniformen und des Blutes bildet nahezu (ver)störende ästhetische Akzente – erzählt der Film zu einer traurigen Gitarrenmelodie die Geschichte eines jungen Liebespaares, das im krisengeschüttelten England unter Oliver Cromwell (1645) in einen blutigen Konflikt mit der Hexenverfolgung gerät. Der professionelle Hexenjäger Matthew Hopkins (Vincent Price) durchstreift das Land auf der Suche nach Folter- und Hinrichtungsopfern, die ihm gutes Geld bringen. In der Ortschaft Brandiston foltert er den der Hexerei bezichtigten liberalen Pastor (Rupert Davies), bis ihn seine Tochter Sarah (Hilary Heath) gegen sexuelle Dienste freikaufen will. Hopkins geht zunächst darauf ein, lässt den alten Mann allerdings einkerkern. Als ein Folterknecht Sarah vergewaltigt, verliert Hopkins das Interesse an ihr und lässt den Pastor erhängen. Sarahs Verlobter Richard (Ian Ogilvy), Soldat im Dienste Cromwells, erfährt vom tragischen Schicksal der Geliebten und versucht ihr zu helfen. Hopkins kann ihm allerdings zuvorkommen und stellt dem Pärchen eine Falle. In der Folterkammer erfüllt sich das Schicksal der Protagonisten in Blutrausch und Wahnsinn. Während Richard Hopkins mit einer Axt tötet, bricht Sarah in verzweifelte Schreie aus.

Das Setting von Reeves' Film knüpft scheinbar an die historischen Kontexte des klassischen *gothic horrors* an, doch in seiner realistischen Form, den expliziten Verzicht auf Übernatürliches und seine ausgedehnten Folter- und Tötungsszenen reflektiert der Film auf bis dahin ungekannte Weise höchst zeitgemäße Erfahrungen wie Kriegsberichterstattung, Misstrauen in die Politik und das Militär oder die Auslieferung der Kinder an die Willkürherrschaft der Eltern. Michael Reeves, der wenig später an einer

Drogenüberdosis verstarb, hatte zuvor zwei Inszenierungen im Horrorgenre absolviert und mit Vincent Price wurde einer der großen Stars des Horrorfilms engagiert. Der junge Regisseur bemühte sich, den augenzwinkernden „camp", jene Ironie, die Price durch seine Rollengeschichte mitgebracht hatte, zu eliminieren und konzentrierte sich auf einen bis dahin wenig erforschten Bereich des Genres: den puren Folter- und Körper-Horror, den ich aus heutiger Sicht als eine frühe Form des „Terrorkinos" begreife.[1] Matthew Hopkins, als drohender Schatten bereits zu Beginn des Films präsent, erweist sich bald als obsessiver, sexuell tendenziell repressiver Machtmensch. Im Gegensatz zu anderen Beispielen ist sein Hexenjäger nicht impotent, sondern in der Tat machtgierig und grausam. Die Torturen überwacht er ungerührt, mit wissenschaftlichem Stoizismus. Der misshandelte Körper ist in diesem Film häufig auch ein alter, faltiger, oder – im Gegensatz zu vielen Nachziehern – männlicher Körper. Hopkins genießt weniger die Qual seiner Opfer als den Moment der Macht, wenn sie sich ihm freiwillig ausliefern, wie es Sarah zunächst tut. Der Zuschauer ist dem realen Grauen der Folter hilflos ausgeliefert, kann sich nicht von einem eventuell übernatürlichen Geschehen distanzieren. Nur durch den radikal direkt inszenierten Körperhorror ist es Reeves möglich, seine deprimierende und letztlich zutiefst humanistische Botschaft zu vermitteln. Sein Modell des destruktiven Kreislaufs der Gewalt kann nur im Wahnsinn enden. Auffällig ist dabei die eher positive Position der liberalen Kirche, verkörpert durch Sarahs Vater. Die Bedrohung geht eher von dem freischaffenden Inquisitor und der staatlichen Macht, nämlich Oliver Cromwell, aus.

1 Stiglegger 2010

Der internationale Erfolg von *The Witchfinder General*, der sich sogar in der Musikszene auswirkte[1], wurde auch im japanischen Kino reflektiert: Der Episodenfilm *Toku Gawa Irezumishi-Semejigoku* von Teruo Ishii entstand 1969 als Nachfolger zu *Toku Gawa Onna Keibatsushi* des selben Regisseurs und lässt sich mit seiner Erzählung vom Leidensweg eines jungen Bauernmädchens durch Bordell und Folterkammer durchaus neben die europäischen Folterkammer-Dramen einordnen. Die Hexenthematik steht hier jedoch eher im Hintergrund, sexuelle Gewalt, Folter und Mord im Zentrum.

Mit den Mitteln des Historienfilms war es Ende der 1960er Jahre möglich, entgegen der Medienzensur ein drastisches Körperkino zu etablieren, das die medialen und soziopolitischen Erfahrungen jener Jahre in eine buchstäbliche Terrorerfahrung münden ließ. Was Polanski und Romero direkt im Alltag ansiedelten, war bei Reeves nur scheinbar in der Vergangenheit angesiedelt. Neben das Misstrauen der Generationen und rassistisch motivierte Konflikte trat nun also zusätzlich ein kritischer Blick auf die utopistische ‚Befreiung der Körper' um 1968. Das Genrekino reflektierte auf diese Weise indirekt und symbolisch ein kollektives Unbewusstes, das sich zugleich immer wieder in der Realität auf destruktive Weise Bahn brach.

Helter Skelter

Im Sommer 1969 suchte dieser ‚Abgrund' den Filmemacher Roman Polanski auf beklemmende Weise heim. Einige Mitglieder der Sekte um Charles Manson, der ‚Family', überfielen sein Haus am Cielo Drive in Los Angeles, in dem sich die hochschwangere Ehefrau Polanskis, Sharon Tate, und einige Freunde aufhiel-

1 Siehe u. a. die 1979 gegründete britische Doom-Metal-Band Witchfinder General, die sich nach einigen Alben 1984 auflöste.

ten. Die Polanskis hatten das Anwesen von dem Musikproduzenten Terry Melcher übernommen, der mit der Manson-Family in Kontakt stand, denn Manson selbst wollte vor allem professioneller Musiker werden, und Dennis Wilson von den Beach Boys förderte ihn durch Ankauf eines Songs. Am 8. August 1969 besuchten vier Mitglieder der Sekte – darunter Anton LaVeys Performance-Tänzerin Susan Atkins – das Anwesen und ermordeten die Bewohner und Gäste auf grausame Weise. Polanski selbst weilte zu diesem Zeitpunkt noch in Europa.

Die Mordserie der Manson Family war darauf angelegt, unter dem vermeintlich apokalyptischen Beatles-Motto ‚Helter Skelter' einen finalen Rassenkrieg in den USA zu provozieren, aus dem die Family als auserwählte Überlebende hervorgehen sollte.[1] Dieses Ereignis kann als ein historischer Umschlagspunkt betrachtet werden, an dem die utopistisch-vitale Hippie-Bewegung alptraumhafte Züge annahm. Das

1 vgl.: Bugliosi / Gentry 2017

Altamont Free Concert am 6. Dezember 1969 besiegelte das ikonische Jahr, als während eines Auftritts der Rolling Stones ein schwarzer Zuschauer erstochen wurde. Aus dem ‚Summer of Love' war der ‚Summer of Death' geworden.[1] Die Counter Culture der 1960er Jahre, die noch heute von Einfluss ist, bekam ihren satanistisch-schwarzen Spiegel vorgehalten und erblickte in diesem Abgrund – sich selbst.

1 vgl.: Davis 2002, 386

Okkulturelle Rockmusik Mystizismus und Neo-Mythologie im Kunstnebel

The bats have left the bell tower,
the victims have been bled,
red velvet lines the black box.
Bela Lugosi's dead.
Undead Undead Undead.
Bauhaus, *Bela Lugosi's Dead* (1979)

Behold! The rituals of the old time are black
Aleister Crowley: *Liber Al vel Legis. Das Buch des Gesetzes*, Bergen 1993

Gothic Rock

Gothic – das Geheimnisvolle, Finstere und Mystische – ist ein Begriff, der heute selbstverständlich für Literatur, Musik, Film und Fernsehserien als Etikett dient, und trägt tatsächlich eine lange und wechselvolle Geschichte. Von der Schwarzen Romantik des frühen 19. Jahrhunderts bis in die Rockmusik der späten 1970er Jahre führen viele Pfade, und nicht alle wurden zur popkulturellen Tradition.[1] „Four Doors to the Future: Gothic Rock is their Thing" betitelten die William College News 1967 einen Konzertbericht über einen Auftritt von Jim Morrison und den Doors, der „malevolent, satanic, electric, and on fire" gewesen sei.[2] Dieser Neologismus sollte erst über zehn Jahre später wieder Verwendung finden, und doch haben wir es hier mit einer möglichen Geburt der schwarzromantischen Rockmusik zu tun. Der ‚Lizard King' wies bereits viele Attribute auf, die man ab 1979 mit dieser

1 Platz 2004, 253–284

2 Baddeley 2002, 172

Spielart offiziell verbinden würde: ein Interesse am Okkultismus, an Lederkleidung, der *décadence* des *fin de siècle*, am Jenseitigen und Morbiden. Zahlreiche Urahnen der Gothic Rockmusik werden genannt: Screamin' Jay Hawkins[1], The Velvet Underground und Nico[2], King Crimson[3], Alice Cooper[4], Iggy Pop[5], David Bowie in der *Diamond Dogs*-Phase (1974)[6], doch Jim

1 Hannaham 1997, 117; Baddeley 2002, 163

2 Thompson 2004, 29; Steele/Park 2005, 119; Baddeley 2002, 168; Nym 2010, 147; Goodall 2013, 422

3 Thompson 2004, 17

4 Hannaham 1997, 115; Davenport-Hines 1998, 363; Baddeley 2002, 174; Thompson 2004, 13

5 Mercer 1988, 8; Thompson 2004, 31

6 Baddeley 2002, 177-181; Thompson 2004, 13; Steele/Park 2008, 121

Morrison und The Doors[1] tauchen mit Abstand am häufigsten auf. Mit ihren atmosphärischen und ekstatischen Rocksounds ebneten sie den Weg für Joy Division, Siouxsie & The Banshees und bald darauf The Cure.[2]

Der Musikproduzent Tony Wilson beschrieb die Post-Punk-Musik von Joy Division als „gothic compared with the pop mainstream on a BBC TV programme" (*Something Else*, 15. September 1979). In einem undatierten Factory Records-Interview mit Mary Hannon (ca. 1980) findet sich ein weiterer Hinweis: „One clue to Joy Division lies in their album's title. Another is the description given by Martin Hannett, who calls them ‚dancing music, with gothic overtones'. Unintentionally, Bernard Albrecht gave an excellent description of ‚gothic' in our interview, when describing his favourite film *Nosferatu*. ‚The atmosphere is really evil, but you feel comfortable inside it'." Tatsächlich findet man in der Musik von Joy Division wenig von jenem Mystizismus, der gerade spätere Gothic Rock-Bands kennzeichnet. In Ian Curtis' Texten geht es eher um die Leiden des Alltags, um Krankheit, Sexualität und immer wieder um die Destruktivität und Selbstzerstörungswut der menschlichen Spezies. Mystizismus setzte erst nach Curtis' frühem Selbstmord ein, der Joy Division als einer der grandiosesten unabgeschlossenen Kapitel der Musikgeschichte erscheinen lässt. Gerade die spätere Formation der verbliebenen Band, New Order, konnte hier nicht die Antwort sein.

Im August 1979 kam das Album *Join Hands* von Siouxsie & the Banshees in England heraus und etablierte eine gezähmte, sehr bass-orientierte und rituell anmutende Variante von Post-Punk, deren fins-

1 Baddeley 2002, 171–172; Mercer 1988, 8; Nym 2010, 147

2 Davenport-Hines 1998, 366

ter-morbide Elemente umgehend auffielen. Siouxsie Sioux beschrieb das Album in Interviews unumwunden als „gothic", um den neuen Sound der Band zu klassifizieren – in Interviews nach 1983 dagegen nahm sie von dieser Klassifizierung wieder Abstand, doch da war es bereits zu spät: die jaulenden Gitarren und monoton hämmernden Drums waren ebenso zum Gothic-Klischee geworden wie das theatralische Make-Up und Hairstyling der charismatischen Sängerin.

Für das vorliegende Kapitel, das den exponierten Mystizismus und die Neo-Mythologie einer bis heute populären Gothic-Rock-Band der zweiten Generation diskutieren wird, mag gerade der Doors-Song „Riders on the Storm" – um zum Beginn zurückzukehren – eine Schlüsselfunktion haben. Indem die geheimnisvolle Rockmusik der Doors als Gothic-Rock bezeichnet wurde, sollte vor allem die Präsenz von Motiven der klassischen literarischen Gothic-Fiction in der Popmusik beschrieben werden. Und obwohl Nico, David Bowie, Brian Eno oder Joy Division an diese mystischen Impulse anschlossen, wurde erst mit der Hitsingle *Bela Lugosi's Dead* (1979) der britischen Band Bauhaus ein eigenes Genre des Gothic-Rock begründet. Der Text des verhallt gemischten Songs bietet eine halb augenzwinkernde Hommage an jenen Star der Universal-Filmstudios der 1930er Jahre, der als Gothic-Ikone Dracula weltberühmt geworden war:

„The virginal brides
file past his tomb,
strewn with time's dead flowers,
bereft in deathly bloom,
alone in a darkened room
the count.
Bela Lugosi's dead.
Undead Undead Undead."

Mystische Lyrics, verhallter, finsterer Gesang und schräge, fast jaulende Gitarren mit intensivem Delay prägten von da an den Sound von Bands wie The Sisters of Mercy, The Mission und Siouxsie and the Banshees. Im Folgenden soll deutlich werden, wie der britische Gothic-Rock zum Mystizismus der Popmusik der 1980er Jahre wurde und im eigenwilligen mythologischen Universum der Fields of the Nephilim aus Stevenage kulminierte, deren Sänger Carl McCoy noch heute als ‚Preacherman of the Apocalypse' unvergleichliche Zeremonien auf der Bühne entfesselt. An diesem Beispiel zeigt sich, wie es eine Rockband schaffen kann, durch private Mythologie, konsequenten Mystizismus und eigensinnige Ästhetik apokalyptische Spiritualität in die Popkultur zu pflanzen, die inzwischen seit 1986 wächst und gedeiht.

Mythos, Mystik und Rock'n'Roll

Was haben Mythos und Mystik mit Rock'n'Roll gemeinsam? Widerspricht ein solcher Zusammenhang nicht der Modernität, die populärer Musik zunächst anhaftet? Erinnert man sich an die zeitgenössische Kritik an der aufkommenden Rockmusik in den 1950er Jahren, wird eher deutlich, dass diese frühe Rezeption gerade das ‚Archaische' der Rockmusik beklagte. Und früh entfalteten sich populäre Mythen um ikonische Persönlichkeiten des Rock, um Elvis Presley, Gene Vincent oder die Beatles. Der frühe Tod einiger Musiker (Vincent, Morrison, Nico) bestätigte deren ikonischen Status für das Publikum nachgerade und ebnete den Weg für einen Totenkult bis hin zum Mystizismus, der bis zu der Annahme reichte, die Stars seien letztlich nicht gestorben, sondern hätten ihren Tod nur fingiert (um Elvis und Morrison kursieren diese Gerüchte seit Jahrzehnten) – „Mythen des Alltags" allesamt, um eine Formulierung von Roland Barthes zu bemühen.[1]

Einer grundsätzlichen, der Ethnologie entstammenden Annahme nach ist unter Mythos eine mündlich, schriftlich oder ggf. musikalisch überlieferte Erzählung mit sakralem Gehalt zu verstehen. Mircea Eliade hat in *Die Religionen und das Heilige* (1954) verschiedene Elemente aufgezählt, die der Mythos enthält: der Mythos erzählt in letzter Instanz eine ‚wahre' Geschichte; die mythische Fabel ist heilig, d.h., ihr Gehalt ist dem alltäglichen Bereich entzogen; der Mythos ist stets der Zeit des Ursprungs oder der Schöpfung zugeordnet; dieser Ursprung muss nicht einer früheren Zeit angehören, sondern kann jede Form des Neubeginns bezeichnen. Folglich ist der gelebte Mythos eine Zeit, in der ‚alle Zeiten in eine

1 Barthes 1957

fallen'; der Mythos enthält die Begründung und Basis der Rituale; der Mythos hat daher eine bindende, normative Kraft; die Protagonisten der mythischen Fabel sind ‚übermenschliche' Wesen. Der Mythos nach Eliade bezeichnet insofern den Einbruch des Heiligen ins Alltägliche.

Mythos und Leben sind eng verknüpft und eignen sich im Übrigen für eine strukturalistische Analyse im Kontext regionaler und sozialer Eigenheiten, wie Claude Lévi-Strauss in *Strukturale Anthropologie* (1958) nachgewiesen hat. Zugleich wird im Mythos eine ‚Aussage' formuliert und verdichtet – das entspricht wiederum Roland Barthes' Mythendefinition aus *Mythen des Alltags* (s.o.). Immer geht es im Mythos um elementare Wahrheiten, die darin verdichtet und erfahrbar werden, selbst wenn es sich um moderne Mythen handelt, die kulturelle (Selbst-)Bilder entwerfen. Ernst Cassirer und Claude Lévi-Strauss begreifen in *Mythisches Denken* (1925) bzw. *Das wilde Denken* (1962) den Mythos als Denkfigur, als eine Möglichkeit, die Welt zu begreifen. Dabei kommt wieder jene ‚Allgegenwart' und Zeitlosigkeit des mythischen Geschehens zum Tragen. Das mythische Denken ist zyklisch angelegt und arbeitet mittels ritueller Strukturen auf eine Wiederholung des behandelten Schlüsselereignisses hin – die repetitive Natur des medialen Narrativs kommt diesem Umstand entgegen: die Wiederholung von Songs auf Konzerten, die Verbreitung von Videoclips im Internet. Das führt so weit, dass das Publikum auf die zyklische Wiederkehr des Vertrauten – aber stets neu Bewegenden – zu hoffen scheint – ein einleuchtendes Erklärungsmodell für den von den Fans getragenen Kult um die ‚Stars', jene ‚übermenschlichen Wesen', deren Aura sie von selbst zum Leuchten bringt.

Obwohl umgangssprachlich oft verwechselt, sind Mystik und Mythos nur bedingt verbunden. Allerdings kann Mystik der Ausdruck von mythischem Denken sein, denn es handelt sich dabei – basierend auf dem griechischen *mystikos* für geheimnisvoll – um einen Begriff für eine Aussage über die Begegnung mit dem Heiligen, Göttlichen oder Absoluten. Oft besteht hier ein Zusammenhang zu religiösen und spirituellen Erfahrungen, der sich auch in der Star-Verehrung durch Fans findet, die ihre Idole in der Performanz als Epiphanie des Absoluten zu erleben scheinen. Während sich der Mystizismus als Form des Würdigungsrituals in den praktizierten Religionen auf die Epiphanie Gottes richtet, tritt an diese Stelle der verehrte Pop-Star. Und ähnlich wie der Kirche die Mystiker erscheinen der Popkultur auch diese unreflektiert anmutenden Ultra-Fans suspekt. Erforscht man den Begriff Mystik weitergehend[1], wird deutlich, dass es dabei eigentlich um ein zentrales Geheimnis, das *mysterium*, geht, woraus eine Geheimlehre entstehen kann, die nur dem Eingeweihten zugänglich ist. Neben die Verehrung eines zentralen Rockstars würde in der Übertragung auf die Popkultur also die Existenz und Kultivierung eines mit diesem Star verbundenen dunklen ‚Geheimkultes' treten, der von außen betrachtet buchstäblich ‚mysteriös' erscheinen muss. Gerade der Gothic Rock mit seiner Affinität zum Mythischen und Mystischen zugleich bietet einen fruchtbaren Nährboden für das Entstehen eines solchen populären Kultes, in dessen Zentrum ein schwer fassbares ‚Absolut' steht.

Die Zweite Generation des Gothic-Rock

1987 hingen in europäischen Großstädten Plakate einer Tour, auf denen eine Formation im Nebel positionierter Italo-Westerner zu sehen war: unscharf, körnig, im Gegenlicht. Die Augen des Frontmannes

1 Albert 1996

schienen zu leuchten, und statt der Läufe von Schrotflinten ragten Gitarrenhälse in die Schwaden. Das erinnerte an das Ende des Horrorfilms *The Fog / The Fog – Der Nebel des Grauens* (1979; Regie: John Carpenter), als die Untoten noch einmal im Schutze des dichten Nebels zurückkehren – mit rot glimmenden Augen –, oder an die Roadmovie-Vampire aus *Near Dark / Near Dark – Die Nacht hat ihren Preis* (1987; Regie: Kathryn Bigelow), die in Westernmanier ein amerikanisches Diner massakrieren. Oder an die Vampirgang aus *The Lost Boys* (1986; Regie: Joel Schumacher), als sie auf einem nebelumwogten Hügel Aufstellung nimmt. Dieses Konzertplakat appellierte an die finstersten und atemberaubendsten Phantasien: Die Lichtung der Erhabenen in einem jenseitigen Nebel. Darunter stand in antiquierten Lettern: Fields of the Nephilim. Doch woher kamen diese Untoten des Rock, die ihren Weg gerade erst begonnen hatten?

Der britische Gothic Rock entwickelte sich – wie oben beschrieben – aus den Ruinen des Punk und der aufstrebenden New Wave Ende der 1970er Jahre. Statt dem noisigen Gitarrensound und den schnoddrigen Vocals des Punk hörte man hier verhallten, dunklen Gesang, rituell anmutende Rhythmen, pulsierende Bassläufe und verspielte Gitarren. Nach Bauhaus kamen The Sisters of Mercy aus Leeds (gegründet 1980) und etablierten ein Bühnenimage, das die Rockmusik auf Jahre hin beeinflussen sollte: blasse Haut, Sonnenbrillen, schwarze Hüte, lange schwarze Haare, Stiefel und Ledermäntel. Was sich da aus dem Kunstnebel schälte, kündete von der nahen Apokalypse, von einem Leben im Zwielicht, von der Jenseitigkeit des Pop, von der Lichtung des ‚Absoluten'. Die Sisters of Mercy, nach einem Song von Leonard Cohen benannt, betraten Sphären, die Jim Morrison mit den Doors nie erreicht hatte. Mit dem Londoner Batcave-Club hatte sich in den frühen 1980er Jahren längst eine subkulturelle Szene formiert, die man nach ihrem morbiden Äußeren als Goth bezeichnete.

Dieser ersten Generation von Gothic-Rock-Bands folgten weitere, doch kein Name sollte dieses Genre so nachhaltig definieren wie Carl McCoys Band Fields of the Nephilim aus Stevenage/Hertfordshire. Auf einer frühen E.P. *Buring the Fields* (1985) suchte man noch nach einem genuinen Sound, hatte gar ein Saxophon im Line-Up. Zudem war die Selbstpräsentation der Band seit dem *Preacherman*-Videoclip (1987) von Richard Stanley stets dem Vorwurf ausgesetzt, man kopiere The Sisters of Mercy der frühen Phase, die ihre ikonische LP *First and Last and Always* ebenfalls 1985 veröffentlicht hatten. Durch Stanley kam eine Variation hinzu: Um den Apokalypse-Cowboy-Look noch finsterer erscheinen zu lassen, bestäubte man die Kleidung mit Mehl, um den Staub der Jahrhunderte zu symbolisieren. Und während The Sisters of Mercy textlich vor allem persönliche Erlebnisse („Alice"), psychedelische Drogen („Amphetamine Logic") und politische Ereignisse verarbeiteten („Dominion/Mother Russia"), prägte Carl McCoy die Fields of the Nephilim mit einer komplexen Mythologie, die er aus eigenen Obsessionen, Träumen und magischen Arbeiten generierte.

Mystisch-dunkle Chart Hits

Die Neo-Mythologie der Fields of the Nephilim ist nach Einschätzung des Musikjournalisten Dave Thompson der Schlüssel zu ihrem anhaltenden Erfolg seit 1987: „Die Fields konstruierten in jedem Bereich eine Welt in einer Welt, eine persönliche Mythologie, die zwar nur eine Hand voll der ergebensten Fans oder Schüler zugänglich (oder überhaupt auch nur verständlich) war, die sich aber auch jenseits der Grenzen der Fields-Fans, die bisher nur eine kleine Kultgemeinde darstellten, vermitteln ließ. Ob ihre Musik oder das Artwork, ihre Konzerte oder ihr Merchandising - jeder Aspekt der Band an sich war unlösbar mit einem einzigen Identitätsanker verbunden."[1]

Der Name Nephilim leitet sich aus der hebräischen Mythologie der apokryphen Bibelschriften her. In der Jerusalemer Einheitsübersetzung des Alten Testaments taucht er zumindest im ersten Buch Mose (Genesis 6:1–4) auf, wo sich die Engel („Söhne Gottes") mit den Menschenfrauen paaren und eine Rasse von übermächtigen Riesen hervorbringen, die Nephilim genannt werden und als mächtige Krieger vor der ‚großen Flut' beschrieben werden. Zudem werden die Bewohner Kanaans und die Krieger der Philister in unterschiedlicher Schreibweise ähnlich bezeichnet, etwa in dem alttestamentarischen Kapitel Numeri 13:33: „Die Menschen erschienen wie Grashüpfer

1 Thompson 2004, 214

neben ihnen." Mythologisch kann man weitere biblische Gestalten als Nephilim interpretieren, etwa die vier Reiter der Apokalypse aus der Offenbarung des Johannes. In der populären Kultur tauchen die mythischen Nephilim regelmäßig auf, wenn auch ohne nachhaltige Bekanntheit. So bezog sich Jason Connerys Horrorfilm *The Devil's Tomb* (2009) ebenso auf den Mythos wie eine Folge der *X-Files: All Saints* und die Fortsetzungen der *Prophecy*-Filme (1998/2000). Neben der Fantasy-Literatur und Erich von Dänikens Theorien, in der Urzeit hätten Außerirdische sich mit menschlichen Frauen gepaart und Nachkommen gezeugt, was auf alten Reliefs deutlich dargestellt werde, blieb es der Band Fields of the Nephilim vorbehalten, diesen mythischen Namen im Bewusstsein eines Teils der Popkultur zu verankern.

Auf dieser Basis eines biblischen Ursprungsmythos' entwickelte Carl McCoy in seinen Lyrics von Beginn an einen komplexen Synkretismus aus traditioneller Mythologie und populärer Mystik. So tauchen neben den Nephilim selbst und einer spezifischen mit dem Lucifer-Mythos verbundenen Lesart auch Versatzstücke aus den Geschichten von Howard Philipps Lovecraft auf (etwa der gelegentliche Bezug auf Cthulhu und das von ihm erfundene Buch ‚Necronomicon'). Ebenfalls findet man in den Zeilen Zitate von den britischen Magiern Aleister Crowley (dem Verfasser des Romans *Moonchild*) und Austin Osman Spare (nach dessen okkulter Schriftensammlung *Earth Inferno* benannte man später ein Live-Album). Die rituelle Performanz der von Carl McCoy geprägten Bühnenshow umfasst zudem Elemente des Schamanismus, wie man ihn von nordamerikanischen Prärieindianern und den sibirischen Jakuten kennt: Die zerfetzte und grob zusammengeflickte Lederkleidung, die verfilzten schwarzen Haare mit weißen Strähnen, der mit Federn geschmückte Hut; dazu kommt eine weit

ausgreifende visionäre Gestik und der entrückte, in die Ferne gerichtete Blick des Sängers, den er gelegentlich mit hellen Kontaktlinsen unterstreicht. Die Musik arbeitet mit sphärischen Drones und sakralen Samples, verspielten Melodielinien und prägnanten Bassläufen, die von rituellen Drums untermalt werden. McCoys Stimme, die wie aus einer anderen Dimension anmuten soll, verbindet den erzwungenen Bass des frühen Gothicrock im Stil von The Sisters of Mercy mit gelegentlichen Growl-Anflügen, wie sie aus dem Death Metal bekannt sind. Oft liegt ein starker Halleffekt auf den Vocals, um sie noch jenseitiger und mystischer erscheinen zu lassen.

Fields of the Nephilim etablierten ihren genreprägenden Sound der Zweiten Generation des Gothicrock in einer Zeit, als einzelnen LP-Veröffentlichungen noch erheblich mehr publizistische Aufmerksamkeit zukam. So wurden ihre Veröffentlichungen zwar nicht durchweg geschätzt, doch fanden sie vor allem in England und später auch auf dem europäischen Festland ein treues Publikum, das der Band aus heutiger Sicht erstaunliche Erfolge ermöglichte. Die Single *Blue Water* etwa erreichte 1987 in den britischen Charts Platz 75. 1988 koppelte man aus dem

Album *The Nephilim* die Single *Moonchild*, die immerhin Platz 28 der Charts erreichte. Im Mai 1989 stieg die psychedelische Maxisingle *Psychonaut*, die von einem spektakulären Sonnentanz-Video begleitet wurde, auf Platz 35 der britischen Charts – durchaus beachtlich, wenn man die experimentelle, zutiefst spirituelle Ritualrockmusik dieser Veröffentlichung bedenkt. 1990 erschien das monumentale *Elyzium*-Album der Band, das von dem Pink-Floyd-Mischer Andy Jackson produziert worden war. Die ausgekoppelte Single *For Her Light* erreichte ebenfalls die Top 40, und die folgende Remix-Single *Sumerland (Dreamed)* vom selben Album fand man im November 1990 auf Platz 37. Man kann angesichts dieser durchaus kommerziellen Relevanz der Band also von der erfolgreichen Etablierung einer spirituellen Privatmythologie im Kontext der Popkultur sprechen. Die Fans garantierten nicht nur die Präsenz des Nephilim-Stils auch außerhalb der Bühnenperformance, sondern sorgten für eine Kontinuität des Erfolges bis zur Neuformation der Band um 2008.

Im Oktober 1990 fand ein epochales und in vielerlei Hinsicht paradigmatisches Konzert der charismatischen Band in London / Brixton Academy statt. Man präsentierte in überzeugender musikalischer Symbiose vor allem Stücke des aktuellen Albums *Elyzium* sowie einige frühere Klassiker, allen voran das epische „Last Exit for the Lost". Mitch Jenkins filmte das Konzert in einer Mischung aus schwarzweißem und farbigem Material, wobei die schwarzweißen Teile durchweg in einem kontrastreichen, körnigen Stil bearbeitet wurden. Zahlreiche Einstellungen sind in Zeitlupe, um die Außerweltlichkeit des Geschehens zu betonen. Die Nebelschwaden, die das Geschehen permanent durchziehen, steigern noch die Körnigkeit der Videobilder. Die Kamera bewegt sich dynamisch zwischen den Musikern, während die Montage vor allem auf die treibenden Rhythmen reagiert und mit gelegentlichen Stakkati die Schnittfrequenz bis zum Flash-Cutting steigert. In den farbigen Einstellungen dominieren vor allem die Spots in rot, blau und grün, die das Gesicht im Stil des expressiven italienischen Gothic-Horrorfilms der 1960er und 1970er Jahre (z.B. *Suspiria*, 1977; Regie: Dario Argento) dramatisieren.

Das Gesicht des Sängers Carl McCoy wird in häufigen Nahaufnahmen geradezu fetischisiert. Immer wieder fährt die Kamera auf ihn zu, sucht seinen in die Ferne gerichteten Blick. Der Level der Mystifizierung der Musiker ist im Vergleich zum vorangehenden Konzertfilm *Forever Remain* (1988) noch einmal gesteigert, denn dort ist zwar der apokalyptische Westerncharakter im Bühnenoutfit noch erheblich präsenter, doch die Stilmittel werden deutlich simpler eingesetzt, Kameraperspektiven sind weniger ausgefallen, wie ohnehin nur drei Kameras im Einsatz waren. Für *Visionary Heads* schnitt man allerdings zur Steigerung der visuellen Dynamik offenbar zeitlich versetzte Elemente zusammen, denn mitunter wechselt das Outfit des Sängers von einer Einstellung zur anderen: einmal trägt er seine zerschlissene Lederjacke, dann wieder sein flatterndes weißes Piratenhemd. Dieser Effekt wird in dem zu Promotionzwecken montierten Musikvideoclip *For Her Light* noch deutlicher, denn hier bediente man sich aus allen Höhepunkten des Konzerts.

Im Gegensatz zu den früheren originellen und aufwändig inszenierten Videoclips verlässt sich der Konzertfilm *Visionary Heads* ganz auf die mystische Ausstrahlung der Band und ihre charismatische Bühnenpräsenz. Insofern geht Mitch Jenkins durchaus klassisch vor und dramatisiert das Bühnengeschehen allenfalls mit seinen filmtechnischen Mitteln, etwa durch den starken Fokus auf das Gitarrenspiel oder die Schlagzeugbeats. Am wichtigsten erscheint ihm das Verhältnis zwischen Bühne und Fans.

Eine Rock-Zeremonie

2009 tourten Fields of the Nephilim erneut in Westeuropa und nannten diese Events „Ceremonies" (ein Filmdokument erschien 2012). Und als rituelle Zeremonie muss man bereits den Auftritt in *Visionary Heads* begreifen. Selten wurde ein Frontmann und Rocksänger deutlicher als Schamane inszeniert, als ritueller Mittler zwischen der Welt seiner mythischen Vision – der Welt der Nephilim – und der seiner geneigten Fans. Die Verehrung durch die Fans hat bei Fields of the Nephilim durchaus bizarre Züge angenommen. So wird seit den späten 1980er Jahren die Kleidung des Sängers kopiert: sein Kutscherhut, seine gealterte Lederkluft, der Mehlstaub, die schweren Motorradstiefel. Während der Konzerte hat sich ähnlich wie der spezifische ‚Handtanz' der Fans von The Sisters of Mercy und The Mission die Gewohnheit etabliert, mit Hilfe zweier Helfer aus der Menge aufzusteigen und die Arme zum Lichtgebet auszubreiten. Diese Form des Runenyogas ahmt die Form der Lebensrune nach und soll den ‚Betenden' zu einer Antenne formen, um die spirituelle Energie von der Bühne aufzunehmen. Auf diese rituelle Weise wird das Publikum deutlich Teil der Performance und folglich reagiert Jenkins in seiner Inszenierung darauf, indem er immer wieder die Publikumstotale aus dem hinteren Teil des Raumes als Verschmelzung von Band und Fans nutzt. Von besonderer Bedeutung ist hierbei auch der satanische Gruß mit abgespreiztem kleinem und Zeigefinger. In der Mythologie der Band ist dies jedoch nicht auf eine antichristliche Geste begrenzt, sondern gilt vielmehr dem verstoßenen Engel Lucifer des alten Testaments, der als gefallener Engel vergleichbar mit den ‚großen Alten' ist, die sich mit den Menschen vermählten und die Nephilim zeugten. Insofern sind die Nephilim ‚luciferische' Wesenheiten, nicht wirklich in einem dämonischen Sinne, sondern als Bringer und Träger eines spirituellen Lichts (*luci ferre*). Im Gegensatz zu der Rock'n'Roll-typischen Feier des ästhetischen Bösen und ‚Ungehorsamen', die sich ebenfalls dieses Handzeichens bedient, handelt es sich im Nephilim-Kontext hierbei nicht nur um eine kommunikative und würdigende Geste, sondern zudem um einen performativen Akt im Sinne der Bandmythologie.

Fields of the Nephilim vertreten bis heute wie keine zweite Band neben ihnen eine bestimmte Ära des Gothic-Rock der späten 1980er Jahre. Neben ihrer konsequent weiterentwickelten Privatmythologie haben sie in zahlreichen Live-Shows bewiesen, dass sich der synkretistische Mystizismus ihrer Alben in eine dynamische, psychedelische und ekstatische Rockshow live adaptieren lässt. Mitch Jenkins' filmisch konventioneller Konzertfilm *Visionary Heads* bietet einen intensiven Eindruck der charismatischen Bühnenpräsenz und des Versuchs, schamanistische Trancetechniken in psychedelische Rockmusik zu integrieren und so auf mythopoetischer Basis einem ebenso irritierenden wie faszinierenden Mystizismus zu huldigen, der im Sinne Thackers satanistische und paganistische Facetten der Schwärze beschwört.

Darker Than Black
Thrash, Death und Black Metal als Passageritus in Coming of (R)Age-Filmen

When night falls
She cloaks the world in impenetrable darkness
A chill rises from the soil and contaminates the air
Suddenly, life has new meaning.
Burzum, *Darkness* (1996)

Passagen

Waren die 1960er Jahre die Ära der *counter culture*, sind die 1980er zweifellos die große Zeit der musikalischen Subkulturen: formiert aus den späten 1970er Jahren mit Punk, Oi! und Industrial entstanden nach und nach Wave, Gothic und die Spielarten der Metal-Szene. Dazu kamen Rap und Hiphop sowie verschiedene Formen des Elektropop. Das lieferte einem Pubertierenden jener Jahre eine enorme Spielwiese der Identitäten, Moden und Rituale. Und es dauerte nicht lange, bis diese Subkulturen auch ihre filmische Reflexionen fanden. Nicht jeder Pubertierende konnte sich in *Pretty in Pink* (1984) von Howard Deutch oder *Footloose* (1984) von Herbert Ross wiederfinden; also entstanden daneben Filme, die authentische Einblicke in die Subkulturen jener Jahre bieten, Filme wie *Sid & Nancy* (1987) von Alex Cox, *Suburbia* (1985) von Penelope Spheeris, *Made in the USA* (1987) von Ken Friedman und *River's Edge / Das Messer am Ufer* (1987) von Tim Hunter.

In vielen Kulturen wird die Pubertät, diese Zeit zwischen dem zwölften und achtzehnten Lebensjahr, als eine gefährliche und risikoreiche Phase betrachtet, denn der junge Mensch wird in dieser Lebensphase noch als nicht komplett integriert und handlungsfähig betrachtet. Es verwundert kaum, dass in vielen Ländern diese Jugendlichen zu effektiven Soldaten gemacht werden. Aufgrund dieser unsoliden Disposition haben viele Kulturen Rituale entwickelt, um diesen Übergang zu markieren und symbolisch aufzuarbeiten. Der französische Ethnologe Arnold van Gennep definierte diese Riten 1909 in seinem gleichnamigen Buch als *rites de passage*, als Übergangs- oder Passageriten. Der Übergang von einem Lebensstadium (Kindheit, Jugend) in das nächste (Erwachsensein) verändert zugleich den Lebens- und Sozialstatus. In nicht-industriellen Gesellschaften kommt diesem Übergang eine besondere Bedeutung zu, der Ritus ist fester Bestandteil des Soziallebens. Die Körpertechniken und symbolischen Handlungen, die mit dem Übergangsritus verbunden sind, bezeichnet van Gennep als *rite de passage*. Der Zwischenzustand während des Ritus' gilt als „ungeschützter Zustand", denn er ist undefinierbar. Nach van Gennep erfolgt der Ritus in einem dreiphasigen Ablauf:

1. Ablösungsphase (*séparation*) - der Schritt aus der Gemeinschaft
2. Zwischenphase (Liminalität) - hier ist der Jugendliche für den Einfluss übelwollender Kräfte besonders anfällig.
3. Integrationsphase - die neue Identität wird angenommen.

Diese Phasen korrespondieren bei ihm mit drei verschiedenen Kategorien von Riten:

1. Trennungsriten (*rites de séparation*)
2. Schwellen- oder Umwandlungsriten (*rites de marges*)
3. Angliederungsriten (*rites d'agrégation*).

Der britische Ethnologe Victor Turner entwickelte Van Genneps Theorie im Rahmen der symbolischen

Anthropologie weiter. Jüngst hat Byung-chul Han die Passageriten als „verschwindende Riten" (2019) diagnostiziert: „Die Übergangsriten [...] strukturieren das Leben wie Jahreszeiten. Wer eine Schwelle überschreitet, hat eine Lebensphase abgeschlossen und tritt in eine neue ein. Schwellen als Übergänge rhythmisieren, artikulieren, ja erzählen Raum und Zeit. Sie machen eine tiefe Ordnungserfahrung möglich. Schwellen sind zeitintensive Übergänge. Sie werden heute eingerissen zugunsten beschleunigter, bruchloser Kommunikation und Produktion" (Han 2019, 45–46).

Wie Begriffe aus der Ethnologie der Weltanschauung grundsätzlich, lässt sich auch diese Theorie fruchtbar bei der Analyse von Filminszenierungen anwenden, vor allem im Kontext des Coming of Age-Dramas, das sich ohnehin auf jene Phase des Übergangs zwischen Jugend und Erwachsensein bezieht. Zudem ist die Sprache filmischer Inszenierung eine höchst rituell und zyklisch angelegte Symbolsprache, die mit Elementen des mythischen und animistischen Denkens assoziativ spielt.

Die Jugend und der Tod

River's Edge wurde 1986 uraufgeführt. Die Geschichte knüpft an einen realen US-amerikanischen Kriminalfall an: Ein High-School-Schüler ermordete seine Freundin und ließ ihren Körper am Tatort liegen. In den folgenden Tagen brachte er einige seiner Freunde dazu, ihren Körper zu betrachten, und nach und nach verbreitete sich die Kunde des Verbrechens in seinem Freundeskreis. Lange Zeit hatte niemand die Polizei verständigt. Als diese Umstände bekannt wurden, entwickelte sich eine öffentliche Diskussion über die Empathielosigkeit der jugendlichen Generation jener Jahre, die wie so oft auf Medienkonsum

(Metalmusik, Filme) zurückgeführt wurde. Doch das ist damals keine Erklärung und wäre es auch heute nicht. Das Ereignis rührt an eine tiefere Ebene der kapitalistischen westlichen Gesellschaft, gewährt gar einen Blick in verdrängte Abgründe, denen sich der Film auf eine fast jugendlich-sorglose Weise annähert.

Anders als die zahlreichen Artikel, die anhand dieses Ereignisses einen moralischen Zusammenbruch der Gesellschaft diagnostizierten, bietet *River's Edge* als Film keine befriedigende Erklärung für die präsentierten Ereignisse. Das Verhalten der Jugendlichen bleibt so indifferent und unberechenbar wie in der Realität, als sie die Leiche am Ufer anstarren. Diese exponierte Leere macht den Film umso radikaler und intensiver, denn er lässt uns mit diesen Beobachtungen alleine.

River's Edge, das heißt in diesem Fall auch Thrash Metal: Hallows Eve mit „Lethal Tendencies", Slayer mit den Songs „Die By The Sword", „Captor Of Sin", „Evil Has No Boundaries" und „Tormentor", dazu die Punkband Wipers mit „Let me Know" und Agent Orange mit „Fire In The Rain". Das ist der Soundtrack einer Teenage Angst, die sich mit der Neugier auf das ‚Innere des anderen' paart, wie ich das in *Ritual & Verführung* (2006) nenne. Die wesentliche Frage, während im Auto diegetisch die Metalriffs dröhnen, ist: „Willst Du eine echte Leiche sehen?"

Der Film zeigt etwas, das erst der Netflix-Film *Super Dark Times* (2017) programmatisch benennt: Die 1980er Jahre waren genau das, eine finstere Zeit, zwischen atomarer Aufrüstung und Friedensbewegung, zwischen MTV und Teenie-Slasher-Filmen. Der Titel wirkt fast wie eine popkulturelle Variation auf Thackers Schwarz-Definitionen mit einem Verweis auf den kosmischen Pessimismus, den man durchaus mit den 1980er Jahren – der Zeit des zweiten

Kalten Krieges, des Wettrüstens, der Katastrophe von Tschernobyl – verbinden kann. Auf den frühen Black Metal mit Venom folgte damals der knüppelnde Thrash Metal, auf den Punkrock der Gothicrock. Tim Hunters Film beginnt wie die episodische Momentaufnahme der suburbanen 1980er Jahre in Nordkalifornien. In den ersten Einstellungen wirft ein heranwachsender Junge, Tim (Joshua John Miller), eine Puppe in einen Fluss, als wolle er sich symbolisch von seiner Kindheit verabschieden. Erst später wird klar, dass er die Lieblingspuppe seiner kleinen Schwester entsorgt. Am anderen Ufer sieht er den Teenager Samson (Daniel Roebuck) eine Zigarette rauchen; neben ihm liegt die nackte Leiche seiner Freundin Jamie (Danyi Deats).

Später in einem Supermarkt trifft Tim auf Samson, der sich mit dem Verkäufer über den Kauf von Bier streitet. Tim kehrt nach Hause zurück, wo sein Bruder Matt (Keanu Reeves) und seine Mutter nach der Puppe seiner kleinen Schwester suchen. Layne (Crispin Glover) kommt in seinem modifizierten Auto und dröhnendem Trash Metal an und holt Matt ab. Die beiden fahren zu Feck (Dennis Hopper), einem neurotischen Ex-Biker und Drogendealer, um Marihuana zu kaufen. Auf der Autofahrt erzählt Layne von einer Party in der Nacht zuvor, wo John und Jamie stritten. Hier kommt einiges zusammen: Metalszene und Drogen, junge Bratpack-Generation und Veteranen des New Hollywood und der Hippie-Ära. Doch wie die 1960er spätestens mit Manson und Altamont ihre Unschuld verloren hatten, so beklemmend nihilistisch ist die Welt der Teenager hier inszeniert.

River's Edge bleibt bei all diesen Ereignissen verstörend distanziert und beobachtend. Hunter beschönigt nichts und wendet den Blick niemals ab. Die 1980er Jahre sind als ‚Super Dark Times' die Ära des ‚True Crime'-Kultes und *River's Edge* fällt als realitätsbasiertes Teenage-Angst-Movie genau in diesen Kontext. Das Drehbuch kombiniert unterschiedliche reale Ereignisse und Fälle: Am 3. November 1981 wurde Marcy Renee Conrad von Anthony Jacques Broussard in Milpitas, Kalifornien, vergewaltigt und erdrosselt – in der Folge zeigte der Täter die Leiche mehr als dreizehn Bekannten; auch die Ermordung von Gary Lauwers durch seinen Freund Ricky Kasso (1984) wurde im Zusammenhang gesehen (Jim van Bebber verfilmte den Fall später als *My Sweet Satan*, 1994, ebenfalls unterlegt mit extremer Metalmusik). In all diesen Fällen geht es nicht nur um buchstäblich unfassbare Verbrechen, die auf den ersten Blick keinem rationalen Muster folgen, sondern auch um das Umfeld von Täter und Opfer, sowie deren beängstigende dialektische Verbindung. *River's Edge* zeigt, dass alle Beteiligten derselben Welt, demselben Milieu entstammen. Sie teilen die ökonomischen Nöte, die Langeweile der Vororte, die Träume und Leidenschaften, Musik und Sex. Und doch sind sie Täter und Opfer, wie der existenzialistische Philosoph Albert Camus in *Der Mensch in der Revolte* (Reinbek bei Hamburg 1969, S. 16) betont: „Die Gemeinschaft der Opfer ist die gleiche, die das Opfer mit dem Henker verbindet. Aber der Henker weiß es nicht." Samson ist der personifizierte Abgrund, der in seinem ganzen Freundeskreis lauert, und von dem Bands wie Slayer singen. Die Musik ist hier nicht nur der diegetische Soundtrack, den die Protagonisten täglich hören, sondern auch ein popkultureller Kommentar. Von dort kommt auch die verstörende Apathie und der blinde Aktionismus von Layne – als ahnten letztlich alle, was sie persönlich mit dem Mörder verbindet. Letztlich hatte die tote Jamie niemand von ihnen wirklich geschätzt, und so wird sie auch nicht wirklich vermisst. Der Kult um die ‚wahren Verbrechen' jener Jahre mag ein weiterer Spiegel einer konsumistischen Gesellschaft der sozialen Kälte sein, in der jeder austauschbar und bedeutungslos erscheint.

River's Edge zeigt eine ruhelose Generation von Teenagern, die ohne Passageriten aufwächst und alleine gelassen wird mit ihrer Desorientierung, was folglich den Abgrund wachsen lässt und in Mord und Depression mündet. Sie alle treten aus der Gemeinschaft heraus, der sie sich nicht zugehörig fühlen. Die subkulturellen Codes und Akkorde verleihen dem eine ästhetische Form. In der liminalen Zwischenphase kultivieren sie den Einfluss abgründiger Tendenzen: Drogen, Promiskuität, Mord und emotionale Kälte. In der Begegnung mit dem soziopathisch agierenden Samson könnte diese Gemeinschaft wachsen und sich neu formieren. Layne ist es, der diesen Zusammenhalt predigt, ohne eine wirkliche Richtung vorgeben zu können, als ahnte er zumindest, dass ein dritter Schritt zur Integration nötig wäre. Doch weder die ästhetische Form des Thrash Metal noch die subkulturelle Gemeinschaft der Ausgestoßenen bringt effektive Umwandlungs- oder Integrationsriten hervor. Es bleibt der sonderbaren Logik des Wahnsinnigen Feck überlassen, eine Konsequenz zu ziehen, die allerdings Samson das Leben kostet. *River's Edge* beschreibt eine Welt am Abgrund, der die Mechanismen der Gemeinschaft abhanden gekommen sind, und deren Soundtrack umso kälter in der Feier des Abgrundes anmutet. Wie die Leiche nicht verschwinden möchte, sind die Protagonisten dazu verurteilt, an der Grenze (*edge*) zu wandeln, also die Passage zu meistern.

Die Geburt des Blackmetal aus dem Geiste der Verzweiflung

Eine der extremsten Formen der Metalmusik ist der Norwegische Blackmetal. Inspiriert von Black Sabbath, Venom und den Thrash- und Death-Metal-Bands der 1980er Jahre formierte sich aus ‚Teenage Angst' und ‚Teenage Rage' eine Untergrundkultur, die auch vor Mord und Brandstiftung nicht zurückschreckte. Neben einigen aufschlussreichen Musikdokumentationen befassen sich vor allem zwei prägnante Spielfilme mit dieser Zeit: der isländische *Málmhaus / Metalhead* (Island 2013) von Ragnar Baragson und der amerikanisch-norwegische *Lords of Chaos* (2018) von Jonas Akerlund.

Málmhaus ist ein prototypisches Coming of Age-Drama: Als die Band Black Sabbath 1970 ihr erstes Album aufnimmt, wird in einem tristen Dorf auf dem isländischen Land die kleine Hera geboren. Als Zwölfjährige muss sie mit ansehen, wie ihr älterer Bruder Baldur durch einen tragischen Unfall buchstäblich aus dem Leben gerissen wird. Von dem traumatischen Erlebnis schockiert, übernimmt sie seine Persona samt Lederjacke, seinem ikonischen Motörhead-T-Shirt und der E-Gitarre. Doch irgendwann reicht dieser Akt der Revolte gegen die christlich-spießige Gemeinschaft nicht mehr, und die pubertierende Hera (Thora Bjorg Helga) geht immer drastischere Wege. Sie sieht im Fernsehen einen Bericht über die Kirchenbrände in Norwegen und zündet schließlich die Kirche des Dorfes an. Alleine wandert sie in die Isolation der vereisten Berge oder probt im Viehstall brutale Gitarrenriffs, zu denen sie selbst singt. Das Demotape schickt sie nach Norwegen. Ihre Form des isolationistischen, finsteren Blackmetals wird zur authentischen Stimme ihres unbewältigten Traumas, ihrer Einsamkeit und ihrer

ungestillten Leidenschaft. Als drei Musiker aus Norwegen kommen, um die Urheberin des Demotapes kennenzulernen, verwirklicht sich ihr Traum.

Im Gemeindehaus betritt Hera mit ihrer neuen Band, in leichenartigem Corpse Paint und Lederjacken, die Holzbühne. Sie beginnen mit dem brachialen BM-Song „Svarthamar", der vom Publikum abgebrochen wird. Dann covern sie Lynyrd Skynyrd, was vom Publikum goutiert wird, doch die Band bricht ihrerseits frustriert ab. Spontan schaltet Hera die Verzerrung aus und spielt eine Akustik-Version des BM-Songs, mit dem sie schließlich auch die Dorfbewohner erreicht und bewegt. Dieser zarte Höhepunkt des Films ist eine Antithese zur manischen Destruktivität von *River's Edge* und *Lords of Chaos*. Die Musik wird – reduziert auf ihren Kern – zu einem Katalysator der Kommunikation zwischen Milieus und Generationen. Für Momente ist es Hera, die diese Verbindung knüpft und vermeintlich extreme Musik zu einer Stimme der Harmonie werden lässt. In einem Epilog sehen wir Hera in ihrem Zimmer – sie hört den Megadeth-Song „Symphony Of Destruction". Ihre Eltern kommen hinzu, alle drei beginnen ausgelassen zu den harten Riffs zu tanzen.

Der Soundtrack von *Málmhaus* verbindet den eher klassischen Heavy Metal von Judas Priest („Victim of Changes") mit dem Thrash von Megadeath und den atmosphärischeren Klängen der Post-Blackmetal-Band Solstafir. Wie der Film ein komplexes Bild der isländischen Mikrogesellschaft bietet und seine Protagonistin sorgsam charakterisiert, bleibt auch der Soundtrack ambivalent und erschöpft sich nicht in einem wütenden Aufschrei wie noch in *River's Edge*. Er beweist, dass man nicht nur Surfrock erhält, wenn man Blackmetalsongs unverzerrt einspielt, sondern veritable Singer-Songwriter-Kunst. Im Herz der Gewalt (und des Films) ruht ein fragiler Geist, der Revolte und Sehnsucht vereint.

Málmhaus ist ein fast klassisch konstruiertes Coming of Age-Drama. Wir erleben Heras unbeschwertes Kinderleben auf dem Land, das im Unfalltod des Bruders eine Erschütterung erfährt. Um dieses Trauma zu verarbeiten, unternimmt Hera den Schritt aus der Gemeinschaft: Sie wird zum Medium ihres Bruders, trägt seine Kleidung und spielt seine Gitarre. In der Zwischenphase wendet sie sich Handlungsweisen des Destruktiven und Bösen zu (von sexueller Hyperaktivität bis zur Amokfahrt mit dem Traktor und zur Kirchenbrandstiftung). All das wird von der christlichen Gemeinschaft, von Eltern und Nachbarn erduldet. Schließlich entdeckt sie die Metalmusik als ästhetische Ausdrucksform und bringt sie auf die Bühne, als Kommunikation mit der sozialen Gemeinschaft. Das Konzert und der Epilog können als Integrationsphase betrachtet werden, in der Hera eine neue Identität anstrebt und sich letztlich mit dem Tod des Bruders arrangiert hat. Der symbolisch im von ihr quasi im Alleingang entwickelten Black Metal angelegte Schritt der Umwandlung durch Überaffirmation und Ausagierung des Abgrundes erweist sich als ein effektiver performativer Ritus.

Das Ende der (Un)schuld

Nach Jahren der Gerüchte und Vorbereitungen verfilmte der ehemalige Drummer der bahnbrechenden Blackmetal-Band Bathory und heutige Filmemacher Jonas Akerlund ein populäres Sachbuch von Didrik Soderlind und Michael Moynihan unter dem gleichen Titel: *Lords of Chaos* (USA 2019). Noch umstrittener als das mitunter distanzlose Buch wurde der Film von Metalfans und realen Beteiligten gleichermaßen für seine künstlerischen Freiheiten kritisiert, woraus eine unfruchtbare Diskussion über die Authentizität der Inszenierung entstand. Als Film betrachtet, fällt vor allem auf, dass Akerlund von Beginn an einen deutlich ironischen Blick auf die bürgerliche norwegische Gesellschaft wirft – erheblich amüsanter als in *Málmhaus*, wie die einleitende Collage von Momentaufnahmen aus der norwegischen Kultur zeigt. Wir erleben das Geschehen aus Sicht und durch die Off-Kommentare von Oystein Arseth (Rory Culkin), der sich später Euronymus nennt und zu Beginn des Films in der Vorstadtidylle von Oslo Mitte der 1980er Jahre im Keller seiner Eltern mit der Metalband Mayhem probt. Als die jüngere Schwester die Probe unterbricht, ruft er gar seine Mutter zu Hilfe.

Der Film begleitet die Entstehung der Band bis zum Tod ihres Gründers. Mayhem erregt erstmals Aufsehen, als sie mit dem neuen Sänger Dead aus Schweden und dem Drummer Hellhammer auf Tour geht. Was in den vorangehenden Filmen im sozialen Kontext angedeutet wurde, wird von Mayhem auf der Bühne vorgeführt: Selbststigmatisierung, Autoaggression, Gewaltaufrufe, satanistische Selbsterhöhung und Totenkult. Dead fetischisiert die Verwesung und haust mit Oystein in einem abgelegenen, verfallenden Haus, wo er sich u. a. mit Tierkadavern umgibt. Der Film deutet sowohl in der Freundschaft von Euronymous und Dead wie auch später im Verhältnis zu Kristian Varg Vikernes (Emory Cohen) ein latentes und unerfülltes homosexuelles Begehren an, das jeweils zu katastrophischer Eskalation führt. Was dem Extreme-Metal-Fan als künstlerische Verschlüsselung genügen mag, wird in *Lords of Chaos* mehr noch als in den Filmen zuvor blutige Realität. In einem Moment der Isolation tötet sich Dead auf blutige Weise. Seine Passage führt nicht zurück in eine Gemeinschaft, sondern über die letzte Grenze hinaus, wodurch Dead gleichwohl selbst zu einem Mythos wird: zum Blutzeugen der Black Metal-Community. Aus Schädelfragmenten fertigt Euronymus kleine Anhänger für die Band.

Mit Varg Vikernes kommt ein etwas unbeholfener Fan in das Umfeld von Euronymus, auf den die anderen herabblicken. In Euronymus' Schallplattenladen Helvete in Oslo treffen sich die Musiker und Fans, die sich im inneren Kreis als Black Circle bezeichnen. Zu ihnen gehören auch Fenriz von Darkthrone und Faust von Emperor. Um seinen Status in diesem Kreis zu steigern, legt Varg in einer Kirche Feuer, woraus eine ganze Welle von Kirchenbrandstiftungen hervorgeht, an der sich im Film auch Euronymus und Faust beteiligen. Faust tötet zudem einen homosexuellen Mann, der ihn anspricht. Der Teufelskreis aus Feuer und Blut verbindet den Black Circle und macht die Öffentlichkeit auf die an sich kleine Subkultur aufmerksam. Varg geht so weit, sich in einem Zeitungsinterview selbst als Drahtzieher darzustellen, was aber nicht bewiesen werden kann. Als Euronymus, der um seinen Status als ‚Gründer des True Norwegian Black Metal' fürchtet, Todesdrohungen gegen Varg ausspricht, lässt sich dieser nach Oslo fahren, wo er den vermeintlichen Freund brutal ersticht. Er macht Euronymus zu einem weiteren Blutzeugen, der den Kultstatus von Mayhem bis heute sichert, und sich selbst zur Ikone des Bösen, die als ästhetische Form einen festen Platz in der Szene hat.[1]

Nicht alle Musiker waren über Akerlunds Projekt begeistert. Vor allem Burzum (Vikernes) und Darkthrone gaben keine Musik für den Soundtrack frei. Von Mayhem dagegen hört man hier klassische BM-Songs wie „Deathcrush", „Freezing Moon" oder „Pure Fucking Armageddon". Auch Akerlunds frühere Band Bathory ist mit „Born for Burning", „The Return of Darkness and Evil" und „Sacrifice" präsent. Dazu kommen andere Genres und Bands wie Accept, Tormentor, Cathedral, Myrkur und Wardruna. Wie in *Málmhaus* ist der Anteil atmosphärischer Klänge hoch. Hier sind das vor allem Stücke der ätherischen Band Sigur Rós oder „The Host of Seraphim" von Dead Can Dance, das zu hören ist, bevor Varg Euronymus tötet.

Lords of Chaos kehrt zur Grundproblematik von *River's Edge* zurück. In einer Gesellschaft ohne effektive Passageriten ist nicht nur der Abgrund ungebrochen verführerisch, auch der Impuls, Tabus und die letzte Grenze (den Tod) erst ästhetisch und

1 Patterson 2017, 169–193

schließlich real zu überschreiten, erscheint in dieser Binnenlogik nachvollziehbar. Während der subkulturelle Jugendliche in seiner Ablösungsphase einen symbolischen Schritt aus der ‚Gemeinschaft der Gleichen' tut, indem er sich als ‚Anders' stigmatisiert, tritt Varg hier aus der subkulturellen Gemeinschaft aus. Die Zwischenphase, in der sich der Jugendliche ästhetisch und symbolisch mit dem Abgrund auseinandersetzt, wird zur existenzbestimmenden Größe, der sich Varg hingibt. Statt aus der Isolation in die Gemeinschaft zurückzukehren (Integrationsphase), erhebt Varg den Status des „einsamen Wolfes" zum Prinzip. In der Realität wissen wir, dass Varg Vikernes noch heute als *persona non grata* in Frankreich lebt. Wie in *River's Edge* treten die Kategorien von Riten hier nur noch in pervertierter Form auf. Statt eine integrative Funktion zu fördern (Umwandlung, Angliederung), vertiefen sie den Konflikt mit tödlichen Folgen. Es mutet umso irritierender an, dass sich Varg Vikernes auf seiner Homepage, in seinen Youtube-Clips und in Buchpublikationen immer wieder über die Notwendigkeit der Mythen und Rituale äußert. *Lords of Chaos* dagegen zeigt, dass es hierbei weniger um Integration, als vielmehr um endgültige Separation geht – eine Passage, die nur im Chaos enden kann. In diesem Sinne ist Black Metal eine symbolisch-ästhetische Form des Chaos, deren integrative Funktion als Passageritus nur in *Málmhaus* zu funktionieren scheint, unlösbar verbunden mit einem verzweifelten Willen zur Nähe und zur Überwindung des Todes. *Málmhaus* ist daher eine Antithese zu *River's Edge* und *Lords of Chaos*, die sich im Überschreiten der letzten Grenze erschöpfen. Ihre Opfer haben keine rituelle Funktion. Ihre Hohepriester sind Verlorene einer Gesellschaft, die den Kontakt zur Passage weitgehend verloren hat. Hier mischt sich die dunkle Seite der Counter Culture der 1960er Jahre mit dem Post-Punk-Nihilismus der 1970er Jahre, gefiltert durch die exponierte Coolness der 1980er. In einer initiationslosen Gesellschaft scheint der Passageritus ungezielt und chaotisch zum destruktiven Akt zu werden. Die Rituale verselbstständigen sich und richten sich gegen die eigene Gemeinschaft. Mit dem Black Metal blickte die Popkultur einmal tiefer in ihren eigenen – in Thackers Sinne satanistischen – Abgrund hinein. Nur für Hera aus *Málmhaus* scheint darin eine konstruktive Energie zu liegen, ein Impuls zum selbstbestimmten Leben. Die Lords of Chaos dagegen bleiben die Opfer ihrer Posen.

Black Drone
Psychosensuelle Klänge des kosmischen Pessmismus'

There is a place
where the black stars hang
and the strangest eon call
that amorphous mass
unknown, immense
ambivalent to all.
Lustmord, *The Place Where the Black Stars Hang* (1993)

Alptraum-Soundtracks

Als David Lynch sein surreales Endzeitmelodram *Eraserhead* 1979 in die Kinos brachte, wurde nicht nur der Film zum Kultobjekt der ‚Midnight-Movie'-Fans, auch der Soundtrack mit einem Großteil der Tonspur etablierte sich als einflussreiches Artefakt. Das lag weniger an den lakonischen Dialogen und dem bizarren ‚Lady in the Radiator'-Song, vielmehr gelang es Lynch, mit seinem Tondesign alleine die beklemmende Atmosphäre des Films aufrecht zu erhalten. Große Teile der Tonspur werden von tieffrequentem Rauschen und Dröhnen untermalt, gelegentlich kommt ein behäbiges und ebenso basslastiges Pulsieren und Stampfen hinzu, als befände man sich im Inneren einer Dampfmaschine. Diese Dröhn-Collage wirkt bei einer Kinovorführung über die tiefen Frequenzen der Tonwiedergabe direkt auf das Zwerchfell des Zuschauers und schafft eine latente Nervosität und Unruhe, die wiederum die Wahrnehmung des Films insgesamt kanalisiert. Ungeachtet seines bizarren Humors und seiner irrealen Settings lässt sich *Eraserhead* also durchaus als

Horrorerlebnis oder Alptraumvision rezipieren.[1] Das Zwerchfell ist neben anderen Funktionen also ein sensitives Organ zur Wahrnehmung unterschwelliger Bassschwingungen (zwischen 20 und 125 Hz), die unwillkürlich in Adrenalinausschüttungen resultieren und Gefahr signalisieren. Das lässt sich durch den Umstand erklären, dass in der Natur solche Frequenzen nur dann zu hören bzw. spüren sind, wenn ein Erdbeben oder ein Vulkanausbruch bevorsteht bzw. sich ein anderes chaotisches Ereignis (eine Stampede z.B.) ereignete – durchweg Gefahren aus der Natur. Die angstvolle Reaktion auf das Tiefbassdröhnen ist also zugleich ein Atavismus (ein somatischer Warnmechanismus) wie auch eine unwillkürliche Reaktion, d.h.: Dieser Mechanismus funktioniert immer und bei jedem Menschen. Es ist eines der wenigen filmischen Gestaltungsmittel, die aufgrund dieses Universalismus' berechenbar und verlässlich sind. Es erscheint erstaunlich, dass diese Frequenzen erst seit den 1970er Jahren vermehrt Einsatz im Film finden, obwohl die technischen Voraussetzungen spätestens seit den 1950er Jahren gegeben waren. In den frühen 1970er Jahren trug man den neuen Möglichkeiten der Klangreproduktion u. a. Rechnung, indem man im Sensurround-Verfahren bestimmte extrem tiefe Basssignale noch einmal verstärkte und so einen deutlich physischen Effekt erzielte, der wiederum an den natürlichen Angstinstinkt des Menschen appellierte, etwa in Mark Robsons *Earthquake / Erdbeben* (1972), der bezeichnenderweise eine Naturkatastrophe zum Thema hat. Im Kino konnten zusätzlich Frequenzen hörbar gemacht werden, die sich sonst dem bewussten Hören entziehen. Das erzeugt einen Distanzverlust, den Thomas Elsaesser als „Überflutung" bezeichnete: „Überflutung soll eine besondere

1 Fisher 2017, 64ff.

Form der Konsequenz, der Implikation und der wechselseitigen Beziehung bezeichnen: gleichzeitig eine abgeschwächte Form der Kausalität, aber ebenso etwas Gefährlicheres, das nicht mehr in jener Distanz gehalten werden kann, die von einer Beteiligung über Auge und Kopf gewährleistet wird."[1] Bässe sind durch ihren diffusen Abstrahlmechanismus besonders geeignet, einen „archaischen Effekt zu generieren", da hier der „auditive in den taktilen Reiz übergeht".[2] In der physischen Wahrnehmung von Bassfrequenzen spielt die Nähe von Gleichgewichtsorgan und Innenohr eine große Rolle und ermöglicht gar eine Trancefähigkeit des Menschen unter Drone-Einfluss. Hier treffen sich die Wahrnehmungen von Naturphänomenen (Donner, Erdbeben) und Inszenierungen (mittels Drones) und appellieren an die diffuse Sehnsucht des Menschen, Teil des Geheimnisses der Welt zu werden.

Die zuvor beschriebene drone-basierte Soundgestaltung ist eine Möglichkeit, die Körperlichkeit des Films herauszuarbeiten: „Die Tragödie des Kinos ist seine Unkörperlichkeit", schreibt Georg Seeßlen. „Man kann es nicht anfassen. Es ist ein System der Repräsentanz des Körpers." Lynchs Filme dagegen verfolgen das Ziel, in den Körper selbst einzudringen.[3] Das gelingt ihnen vor allem durch ein kosmisches Rauschen, dem an vielen Stellen die Qualität des Drones zukommt. Für Slavoj Zizek liegt hier ein Schlüssel zum Verständnis der Filme David Lynchs: „Es ist schwierig, diesem Geräusch einen Ort in der Realität zuzuweisen; um seinen Status zu bestimmen, gerät man in Versuchung, die zeitgenössische Kosmologie zu zitieren, die vom Rauschen an den Rändern des Universums spricht – diese Geräusche

1 Elsaesser 1998, 204

2 Flückiger 2001, 209

3 Seeßlen 179

gehören nicht einfach zum Universum, sie sind Reste, verlorene Echos des Urknalls, der das Universum selbst hervorbrachte." Dieses kosmologische Rauschen verweist also auf einen offenen Raum, der als mythischer Urraum gedacht werden kann, welcher parallel zum vermeintlich dominanten realen Raum existiert. In der filmischen Repräsentation bleiben diese Räume offen für Parallelwelten, wie sie gerade die Filme von Lynch beschwören (*Twin Peaks, Lost Highway*). Andererseits – auch darauf verweist Seeßlen – gemahnt dieser drönende Urklang auch auf die diffuse Klangwahrnehmung bereits des Fötus' im Uterus.[1] Kombiniert mit Herzschlägen, entsteht daraus der Eindruck einer Fabrikhaftigkeit des menschlichen Körpers, ein Eindruck, den sowohl Lynchs *Eraserhead* als auch dessen organische Bausatzskulpturen (Fishkit, Chickenkit) evozieren. Bei Lynch ergänzt sich die Tonebene mit den kargen, verfallenen Industrielandschaften zu einem postindustriellen Alptraum-Sound-

1 Seeßlen 171

scape. Für viele damals irritierend, schuf Lynch keinen Kontrapunkt zwischen dieser Alptraumwelt und einem profanen Alltag, sondern ließ keinerlei Ausweg zu. Die inszenierte Welt hier *ist* der Alptraum.

Auch Filme wie Gaspar Noés *Irréverible / Irreversibel* (2002) oder *Enter the Void* (2009), die mitunter fremdartige Parallelwelten inszenieren, setzen die Drones deutlich zur Steigerung der filmischen Körperlichkeit ein und ergänzen sich mit einer radikal entfesselten Kamera. Diese Filme können nur noch performativ und als Erfahrung wahrgenommen werden und verlassen die Ebene der literarisch basierten Narration.

Klang-Räume

Obwohl man versucht ist, die Quellen der Tiefbasssounds in den Avantgardekompositionen des frühen 20. Jahrhunderts zu suchen, liegen sie weit früher: Zahlreiche Stammeskulturen haben Instrumente entwickelt, mit denen sie entweder durch vielzähliges Trommeln oder durch in der Luft geschwungene Resonanzkörper (Bullroarer) bzw. Blasinstrumente (Didgeridoo) lang anhaltende oder zumindest chaotisch anmutende Dröhnsounds hervorrufen konnten. Diese Urklänge kamen vor allem in rituellen Kontexten zum Einsatz und schufen eine außeralltägliche, sakrale Stimmung bei den Anwesenden. Auch in der Kirchenmusik seit der frühen Neuzeit wurde an prägnanten Stellen, die nach Erhabenheit oder Eindruck verlangten, sogenannte Orgelpunkte eingebaut: Lang anhaltende tiefe Akkorde, die den Boden der Kathedrale vibrieren und die Gemeinde vor Ehrfurcht erstarren ließen.

Eine enge Verwandtschaft besteht auch zwischen den filmischen Drones und dem Bordun in der traditionellen, sakralen und klassischen Musik. Man bezeichnet mit Bordun einen Halteton, der einer Melodie unterliegt – als eine einfache Form der Mehrstimmigkeit. Dabei wird meist der Grundton der jeweiligen Tonart verwendet oder die reine Quinte zum Grundton. Dazu kann ein zweiter Bordun kommen, der eine Oktave tiefer gespielt wird. Um einen Bordun zu erzeugen, eignen sich vor allem Instrumente mit lange anhaltenden Klängen wie Sackpfeifen oder Drehleiern. Während der Bordun konstant bleibt, kann sich die Melodie dazu harmonisch oder dissonant verhalten, woraus eine eigene Dynamik von aufmerksamkeitsfördernden Reizen entsteht. Das wird noch einmal gesteigert, wenn etwa in der indischen Musik der Bordun als Liegeton unabhängig zur Melodie besteht und die harmonische Dynamik ausbleibt – solche Mechanismen werden mitunter in der Filmmusik genutzt (z.B. in den Soundtracks von Hans Zimmer) und eine konstante Irritation zu erzeugen. Für die europäische Konvention ist der Bordun-Einsatz etwa bei Richard Wagner beispielhaft, wenn dem Vorspiel von „Das Rheingold" z.B. ein Bordun-Grundton in Es unterliegt.

Die Neue Musik des frühen 20. Jahrhunderts besann sich bald auf diese psychoakustischen Qualitäten der Dröhnmusik und isolierte diese Klänge zu minimalistischen Kompositionen. Ein berühmtes Beispiel ist György Ligetis Komposition *Atmosphères* (1961), die nicht nur mit tieffrequenten, sondern auch mit hohen Drones arbeitet. Stanley Kubrick erkannte umgehend das Potenzial dieser Musik für die Gestaltung der Filmtonspur und setzte einen Auszug daraus in seinem Science Fiction-Film *2001 – A Space Odyssey* ein – als Signum des Erhabenen und somit als eine Art kinematografischen Orgelpunkt. Kubrick griff auch in den Visionsszenen aus *The Shining* (1980) auf Drones zurück, etwa wenn sich Hektoliter von Blut aus den Aufzügen ergießen und die Korridore des einsamen Hotels füllen.

In den späten 1960er Jahren begannen auch Musiker aus dem Kontext der Popmusik mit Dröhnsounds zu experimentieren. „The sustained tone branch of minimalism" nannte La Monte Young diese Tendenz noch im Jahr 2000. Mit dem Theater of Eternal Musik bzw. dem Dream Syndicate hatte er in den 1960er Jahren ebenso Drones benutzt wie seine Kollegen John Cale, Charlemagne Palestine, Philip Glass, The Velvet Underground und Tangerine Dream. Später setzten Kraftwerk, Klaus Schulze, Popol Vuh, Brian Eno, Robert Fripp, Robert Rich, Steve Roach und John Cage diese Tradition fort.

Das musikalische Resultat dieser Experimente erkundete den Zusammenhang von Klang und Raum: Musik entfaltet sich im Raum, und sie erschafft zugleich einen neuen, virtuellen Raum: den Klang-Raum. Völlig unabhängig von diesem eher allgemeinen Zusammenhang gibt es noch ein spezielles Verhältnis. Es trägt den zunächst diffusen Namen: Ambiente. Unter Ambient-Musik wird landläufig eine unaufdringliche Klangwelt verstanden, die sich affirmativ zu dem Ort verhält, an dem sie erschallt. In die Musikgeschichte ging der Begriff der Ambientmusik jedoch in anderem Kontext ein. Eingeführt von dem britischen Konzeptkünstler und Musiker Brian Eno beschreibt er zugleich einen musikalischen Stil wie auch eine spezielle Methode, mit dem Verhältnis von Klang und Raum umzugehen. Er schreibt: „music that surrounded the listener with a sense of spaciousness and depth, encompassing one on all sides rather than coming at the listener. It blended with the sounds of the environment, and seemed to invite one to listen musically to the environment itself ".[1] Die musikalische Mittel dieser Klangkunst sind an- und abschwellende Frequenzen, sich überlagernde Tonflächen, Stimm-

1 Eno in: Tamm 1995, 131–132

modulationen, verfremdete Fieldrecordings, Klavierakzente, seltener auch dunkel-dröhnende Flächen. Eric Satie nannte das „musique d'ameublement", quasi „Musik als Einrichtungsgegenstand", der präsent sein sollte, die Anwesenden jedoch nicht von der Kommunikation abhielt.

Doch so einfach gestaltete sich der Aspekt der „Hintergrundmusik" letztlich nicht. Ambientmusik beeinflusst ihrerseits die Wahrnehmung des Raumes. Sie lenkt die Aufmerksamkeit, kann den Raum virtuell beengen oder erweitern. Speziell für künstlerische Installationen kann Ambientmusik eine elementare Bedeutung bekommen, die Aufmerksamkeit des Rezipienten steuern und unterstützen.

Mit den ruhigeren Improvisationen der britischen Performancegruppe Throbbing Gristle in den späten 1970er Jahren, aber vor allem auf der Soundtrackkomposition „In the Shadow of the Sun" (1981) schuf das britische Quartett eine äußerst beklemmende, düstere Klanglandschaft: verzerrende Modulationen, die ‚klagende' Frequenzen hervorbrachten, überlagerten beunruhigende Bassdrones, hallende gläserne Klänge gesellten sich zu metallischem Vibrieren. Spätestens mit dieser Komposition war „Dark-Ambient" geboren, eine apokalyptische Umkehrung von Enos ursprünglicher Definition. Hier wurden die Konzepte der Geräuschmusik (nach „L'Arte dei Rumori", 1913, von Luigi Russolo) und der „musique d'ameublement" von Satie zusammengeführt zu einem eigenen Stil, der in den 1980er Jahren verfeinert wurde, aber erst in den letzten 2000er Jahren den Höhepunkt seiner Popularität erreichte: Black Ambient und Drone-Musik.

Der Begriff Drone-Musik setzte sich bald als Bezeichnung für diese minimalistische Kompositionstechnik durch und baute durchweg auf durchgehende oder repetitive Klänge verschiedener Höhe und

Intensität, die auch in der weiter gefassten Popkultur als Drones bekannt wurden. Viele dieser Drone-Kompositionen weisen eine monumentale Länge auf und erfordern ein nahezu meditatives Zuhören vom Publikum. Während die Quellen der Ambientmusik zweifellos in den Arbeiten von Tangerine Dream und Brian Eno zu suchen sind, übte die Industrial Culture der späten 1970er Jahre einen wichtigen Einfluss aus. Unter dem Motto „Industrial Music for Industrial People" orientierte man sich an jener Collagetechnik, derer sich auch David Lynch in *Eraserhead* bedient hatte, und beschwor die finsteren Klanglandschaften des Industriezeitalters gemischt mit Elementen der Popmusik und traditionellen Einflüssen. Was die britische Band Throbbing Gristle mit ihren oft improvisierten Lärm-Kompositionen auf dem eigenen Label Industrial Records gesät hatte, ging bald in einem eigenen Musikgenre auf, dem heute berühmte Musiker entstammen: der Filmkomponist Graeme Revell (S.P.K.), der Soundesigner Brian Williams (Lustmord), Throbbing-Gristle-Mitbegründer und Videoclipregisseur Peter Christopherson (Coil, Psychic TV) oder der Sounddesigner Thomas Köner. Speziell die aus der Post-Industrial-Musik erwachsene Dark Ambient-Musik, deren Hauptvertreter Lustmord ist, arbeitet primär mit lange anhaltenden Drones, die allenfalls durch Samples oder marginale rhythmische Elemente ausgestattet werden. Auch mittels Doom-Gitarren-Feedbacks ließen sich solche Drones erzeugen, wie die Band Sunn O))) eindrucksvoll beweist. Die alles umfassend Finsternis dieser dumpfen Drones vermittelt einen Eindruck jenes kosmischen Pessimismus', den Eugene Thacker als als dritte Ebene der metaphorischen Schwärze beschwört.[1] Brian ‚Lustmord' Williams nennt das „The Place Where the

1 Thacker 2011, 20

Black Stars Hang" auf seinem gleichnamigen Album von 1994: saugende, allumfassende Finsternis, endloser Hall und ohrenbetäubende Stille münden immer wieder in brütende Bassdrones.

Es lässt sich abschließend feststellen, dass die Verwendung von Drone-Sounds weder neu noch kulturell spezifisch ist. Man findet diese Elemente von archaischen Lärminstrumenten bis hin zu schottischen Dudelsäcken, von der rituellen Hindu-Musik bis hin zur japanischen Gagaku-Tradition. In der Musik seit den 1960er Jahren werden Drones mit Synthesizern oder Feedbackschleifen hergestellt. In der Rockmusik ist die einfachste Methode, einen Drone zu produzieren, die E-Gitarre and den Verstärker zu lehnen. Und stets entfaltet sich die psychophysiologische Wirkung von (dunklen) Drones, die in der Musik wie auch in anderen Medien zu einem Stilmittel der Vereinnahmung, zu einem Kennzeichen des Außeralltäglichen, Erhabenen oder Bedrohlichen geworden sind.

Schwarze Mode
Fetisch, Eleganz und Begehren

Schwarzes Leder, Uniformen und die Hypermaskulinität Fetische aus dem queeren Untergrund

Tell me what's your name
Show me, show me your pain
Here comes the feeling again
The Klinik, *Black Leather*

Gefängnisromantik

Schwarz – so zeigte sich in den vorangehenden Kapiteln, ist nicht nur eine Metapher für den Abgrund der Popkultur, sondern auch eine ästhetische Chiffre, mit der sich subkulturelle Gruppierungen signifizieren und stigmatisieren. In der schwarzen Kleidung verdichtet sich der Widerstandswille der Counter Culture und die Eigensinnigkeit des radikalen Individualismus, indem sie das Außeralltägliche beschwört, immer in der Gefahr, als morbid oder elitistisch zu gelten. Diese schwarze Selbststilisierung mittels Kleidung lässt sich im Militär nachweisen, in sakralen Kontexten, aber auch in sexuellen Subkulturen wie der schwulen Lederszene, deren Anfänge im internationalen Undergroundfilm gut dokumentiert sind.

Was heute als Kunst gilt und in musealen Installationen gezeigt wird, galt zur Zeit von Jean Genet und Kenneth Anger – in den 1940er und 1950er Jahren – noch als Pornografie, lief in denselben Kellerclubs vor einem verschworenen Publikum wie jene frühen Hardcorefilme in zitternd-körnigem Schwarzweiß. Dabei sind die Filme von Genet, Anger und mit Einschränkungen auch Fassbinders *Querelle* (1982) Orgien entfesselter Hypermaskulinität. Auch zeigen sie punktuell männliche Nacktheit und schwelgen in schwarzledernen Fetischismen. Doch so nah sie in den Details späteren expliziten Werken von Peter de

Rome, Tom DeSimone oder Jack Daveau sein mögen, so fern sind sie der Intention eines reinen Hardcorefilms. Die Filme von Genet und Anger sind selbst poetische Reflexionen hypermaskuliner Sexualität und gehen weit über deren reine Darstellung hinaus. Und wie sich in einem Film wie *The Destroying Angel* von Peter de Rome Spuren einer todesnahen Poesie finden lassen (etwa im von Pink Floyd untermalten Beginn oder im Sounddesign während der Sexszenen), lassen sich in den Filmen von Genet, Anger und Fassbinder Spuren pornografischer und lustvoller Sexualität finden – jedoch in umgekehrtem Verhältnis. Davon soll nun die Rede sein: Von der Geburt des fetischistischen schwulen Hardcorefilms aus dem Geiste des Undergroundkinos.

Im einzigen Film des umstrittenen Schriftstellers Jean Genet *Un chant d'amour* (1950) wird mit einfachsten Mitteln und prägnanten Standardsituationen eine Welt ohne Frauen ausgemalt: der hermetische männliche Kosmos des Gefängnisses. In einer an Jean Cocteau angelehnten Bildsprache erzählt Genet von den Sehnsüchten und Freiheitsträumen einiger Häftlinge. Die ambivalente Faszination, die Jean Genet in der Gefängnissituation und letztlich der Unterwerfung unter den dominanten, faschistoiden Wärter in seiner schwarzen Uniform sieht, ähnelt in der Konsequenz dem von Julia Kristeva geprägten Begriff des Abjekts, der den dunklen Aspekt des Ichs bezeichnet, welcher im Rahmen der Ich-Bildung einer Persönlichkeit in der Abgrenzung zur mütterlichen ‚Chora' entsteht. Das Abjekte, das Ausgegrenzte, wird trotz des Abscheugefühls immer wieder als Teil des Selbst empfunden – letztlich ist es dessen negative Projektion – und bedroht die Grenze der Selbstdefinition.[1] Aus diesem ‚Kampf' mit dem Abjekten entsteht letztlich das auch

1 Kristeva 1982, 5–10

in *Un chant d'amour* vorgeführte Verhalten: Genets Häftlinge sind von einer Ich-Auflösung zutiefst affizierte Figuren, die in streng stilisierten Ritualen von Begehren und Unterwerfung eine neue Grenzziehung, eine Ganzheitlichkeit, anstreben – eine Männlichkeit in der Krise. Und zugleich ist Genets einziger Versuch in diesem Medium eine Keimzelle fetischistischer schwuler Pornografie.

Der strenge Wärter inspiziert hier die ihm unterstellten Zellen nacheinander, nur um in jeder einen masturbierenden Gefangenen zu entdecken. Offensichtlich erregt konzentriert sich der Wärter schließlich auf den stummen ‚Dialog' eines Nordafrikaners in Matrosenhemd und dessen ausgiebig tätowierten Zellennachbarn. Sie kommunizieren stellvertretend über die bemalte (tätowierte), raue Oberfläche der jeweiligen Seite ihrer Zellenwand. Zeitweise scheint diese Wand selbst das Objekt der Begierde zu werden. Durch einen Strohhalm, den sie durch eine Öffnung in der Wand führen, tauschen die Gefangenen Zigarettenqualm aus. Dieser Anblick erregt den Wärter noch mehr: Er dringt in die Zelle eines alten Gefangenen ein und demütigt ihn brutal, für das Opfer wiederum der Anlass, eine romantische Liebesszene mit einem jüngeren Mann im Wald zu imaginieren. Später wird der Wärter den alten Mann mit seiner Dienstwaffe oral penetrieren.

Der schwule Underground-Künstler Tom of Finland wurde in seinen zeitgleich entstandenen Zeichnungen teilweise deutlicher als Genet. Er lässt seine nackten Muskelmänner von deutlich identifizierbaren SS-Leuten in schwarzer Uniform foltern. Der Künstler betont einerseits die radikal sexualisierte Perspektive auf den Nationalsozialismus, andererseits jedoch zeigte er sich später reuig, indem er alle Bilder mit eindeutig politischen Symbolen zurückzog. Vielen homosexuellen Künstlern, die den Zweiten Weltkrieg direkt oder

indirekt miterlebten, ist jedoch die Faszination für den uniformierten, martialischen deutschen Soldaten gemeinsam. Hier sahen sie – durchaus unzutreffend – die Inkarnation einer männerbündischen, militarisierten Welt homosexueller Initiation, Domination und Unterwerfung; eine homosexuelle Projektion, angewandt auf den eigentlichen Feind, der sogar „in Paris eindringt wie in Butter", wie Jean-Paul Sartre seinen schwulen Protagonisten in seinem Roman *La mort dans l'âme / Der Pfahl im Fleische* (1949) den Einmarsch der deutschen Soldaten kommentieren lässt.

Sexuelle Fetische

Ein Fetisch bezeichnet ein Objekt, welchem eine besondere Kraft und Aura zugesprochen wird, die nahezu kultisch verehrt wird, wobei die Fetischisten hoffen, selbst Anteil an dieser inneren Kraft zu erhalten. Wie Untersuchungen über Kleidungsfetische belegen (Valerie Steele, Thomas Oláh), setzt im Kult der Verehrung auch die Sexualisierung dieses Äußerlichkeitenkultes der Macht an. Zeitzeugenberichte lassen darauf schließen, dass dieser Effekt bereits im militärischen Originaldesign in einem gewissen Grad angelegt war.[1] Susan Sontag widmet sich in ihrer zweiteiligen Untersuchung zum medialen Bild vom Faschismus in ihrem Aufsatz „Fascinating Fascism" zunächst der ehemaligen Nazi-Filmemacherin Leni Riefenstahl, deren in ihren frühen Propagandafilmen dokumentiertes Körperbild sie in den späteren ethnologischen Untersuchungen bei den Nuba reflektiert sieht, um schließlich im zweiten Teil auf den sexuellen Appeal der Naziuniform zu sprechen zu kommen: „In pornographic literature, films, and gadgetry throughout the world, especially in the United States, England, France, Japan, Scandinavia, Holland, and Germany, the SS has become a referent of sexual adventurism. Much of the imagery of far-out sex has been placed under the sign of Nazism. Boots, leather, chains, Iron Crosses on gleaming torsos, swastikas, along with meat hooks and heavy motorcycles, have become the secret and most lucrative paraphernalia of eroticism. [...] But why? Why has Nazi Germany, which was a sexually repressive society, become erotic?"[2]

Dass militärische Uniformen bisweilen zu einem sexuellen Fetisch erhoben werden, ist bekannt und des Öfteren in Fachpublikationen aus dem Bereich der sexuellen Phänomenologie knapp behandelt worden (in der Tat wird diesem recht verbreiteten Fetisch stets sehr wenig Raum gegönnt), doch eine eingehende Analyse dieses Phänomens findet nur zögerlich statt. Einen diskussionswürdigen Ansatz liefert Valerie Steele in ihrem Buch „Fetish": „Military uniforms are probably the most popular prototype for the fetishist uniform because they signify hierarchy (some

1 Oláh 2008

2 Sontag 1980, 101–102

command, others obey), as well as membership in what was traditionally an all-male group whose function involves the legitimate use of physical violence."[1] Auch Thomas Oláh betont in seiner Untersuchung zu militärischen Elementen in der Mode: „Diese Konzeption von Uniformen zu repräsentativen Zwecken setzt bis heute Kompositionselemente ein, die einem erotischen Ideal von Dominanz folgen: die Betonung und Verbreiterung der Schultern mittels Epauletten, Schulterklappen oder v-förmig zulaufenden doppelten Knopfreihen; die Verlängerung der Körperhöhe durch aufragende Kopfbedeckung; die Betonung von Fuß und Wade (Stiefel oder Gamaschen); farblich harte Kontrastierung (Rock- vs. Egalisierungsfarbe, Camouflage-Muster); metallisch glänzender Aufputz (schwere Goldschnüre, Medaillen, derbe Knöpfe)."[2] Was den ‚Appeal' der Uniform also ausmacht, ist scheinbar die Abstraktion des Martialischen in Form eines Modegegenstandes. Sie symbolisiert die Zugehörigkeit zu einer Elite und konkretisiert Dominanz und kanonisierte Attraktivität – falls es sich nicht um rein funktionalisierte Felduniformen handelt. In Kombination mit der erotisch konnotierten Farbe Schwarz haben sich vor allem folgende Uniformen für eine sexuell motivierte Rezeption angeboten: die

1 Steele 1996, 180

2 Oláh 2008, 153

Totenkopfhusaren mit ihren bedrohlich geschmückten Pelzmützen, die Panzerfahrer der deutschen Wehrmacht und die Allgemeine SS. Vor allem die schwarze SS-Uniform stellt den ambitionierten Versuch dar, exzentrischen Chic, elitäre Eleganz und Todessymbolik zu vereinen. War dieser Appeal bei Genet noch eher implizit präsent, wurde er bei Kenneth Anger explizit zum Thema.

Der Fetisch-Messias

Der kalifornische Experimentalfilmer Kenneth Anger, später kreatives Ziehkind Jean Cocteaus, dessen Debütfilm *Fireworks* (1947) möglicherweise von Einfluss auf Genets *Un chant d'amour* war, widmete sich dem Dominanz-/Unterwerfungsritual in streng stilisierter Form. Zu Beginn der 1960er Jahre verarbeitete er Erfahrungen und Eindrücke, die er bei dem rassistischen Bikerclub Hell's Angels in Kalifornien gesammelt hatte, in dem ironischen, okkulten Passionsspiel *Scorpio Rising* (1963), das einerseits die Rebellen-Idole der 1950er Jahre reflektierte und andererseits die Stereotypen des späteren Bikerfilms vollständig vorwegnahm. Kenneth Angers eigene Zusammenfassung teilt den Film in vier Segmente[1]:

Teil 1: „Jungs und Kolben" beginnt mit einem Spielzeugpolizisten aus Blech und endet in der Garage eines jungen Mannes, der sein Motorrad hingebungsvoll poliert. In prinzipiell blaues Licht getaucht, zaubert die pointierte Beleuchtung sternenartige Reflexe auf das Chrom. Eigentlich verbunden mit einem erstarrten, verchromten Aggregatzustand männlicher Sexualität, nimmt die Maschine fast weibliche Züge an, als eine Mädchen-Combo aus dem Off singt: „wind me up". Eine sinnliche, langsame Kamerafahrt streicht

1 Pilling / O'Pray 1989, 34ff.

über das Metall, würdigt jeden Teil des kalten Körpers, um auf einer Motorradkette und einem Paar Motorradstiefel zu enden: Die Aggression wird erstmals ins Spiel gebracht. Motorradlenker und Tank nehmen die Gestalt des Skorpions an, der den Titel gab, ein Sensenmann beweist im Hintergrund Präsenz. Zu Bobby Vintons „Blue Velvet" kleidet sich ein muskulöser Adonis in schwarzes Leder; sein offensichtlicher Fetischismus macht von nun an jeden Handlungsakt zu einem sakralen Akt, geheiligt durch das per se sakrale Wesen des Fetischismus. Teil 2: „Image Maker", der ‚goldene' Teil, illustriert die Notwendigkeit der Idole. Ein Biker liegt halbnackt auf dem Bett; er hat gelbblondes Haar und eine getönte Brille aufgesetzt. Die Stilisierung wird zur Form der Autoerotik. Er liest einen Sawyer/Finn-orientierten Comicstrip mit stark homoerotischem Touch. Marlon Brando in *Der Wilde* (1953) und Ausschnitte aus einem Schulfilm über das Leben Jesu werden zu zeitgenössischer Rockmusik in Verbindung gebracht. Über allem bleibt der Hauch des sexuellen Fetischs bestehen. Auch dieser Mann kleidet sich sorgfältig an, umgibt sich mit Symbolen der Macht und des Todes: Totenkopfringe, schwarzes Leder, Schirmmütze, Nietengürtel, Handschuhe, Stiefel. Den Höhepunkt bildet ein Sniff Kokain, den er einer „Poison" betitelten Flasche entnimmt. Teil 3: „Walpurgisnacht" präsentiert den Sabbat der Biker. Wieder erscheinen Brando und Jesus: Es wird deutlich, dass dieser Jesus in Verbindung mit der Jesusinkarnation aus *Das goldene Zeitalter* (1930) von Luis Buñuel gesehen werden muss, in der diese Figur den letzten Überlebenden der „120 Tage von Sodom" von de Sade verkörpert. Eine Gruppe Biker stürzt bizarr kostümiert in den Partyraum und beschmiert einen Nackten mit Senf. Was wie eine abstruse sexuelle Initiation anmutet, wird immer wieder mit Jesus und seinen Jüngern verbunden. Shiva-Masken bringen erneut den Tod ins Spiel. Als Jesus seinen Palmsonntags-Ritt beginnt, starten auch die Biker auf ihren Maschinen. Teil 4: „Rebel Rouser" entwirft das Gesicht des Verführers: Luzifer, einerseits „Lichtbringer" („Erleuchter"), andererseits verstoßener, gefallener Engel: das Abjekt. Die vorangehende Orgie nimmt Züge eines terroristischen Endspiels an. Vor einem improvisierten Altar agiert fackelschwenkend eine Führerfigur mit Maske und SS-Schiffchen. Er scheint die Menge anzustacheln zu einer wilden Rallye. Die an Nazi-Veranstaltungen erinnernden Bilder werden vermehrt unterbrochen durch sadomasochistische Ikonen. Das Ende bildet ein Unfall, bei dem der Motorradfahrer offensichtlich getötet wird. Ein pulsierendes Rotlicht taucht die Leinwand in blutiges Rot. Ein Kreis ist geschlossen. Der Skorpion hat sich zum Kampf erhoben, um zu sterben.

Aus dieser Beschreibung wird schnell deutlich, dass es auch in Angers Film keine soziale Komponente gibt, keinen profanen gesellschaftlichen Kontext, in den die idealisierten Protagonisten eingebunden werden. In Analogie zu Genets Traumspielen entwirft *Scorpio Rising*, an sich die Metapher einer „wachsenden Erektion", der „sich aufbäumenden Virilität" eine hermetische, ausschließende Welt der Hypermaskulinität.

Kenneth Anger nutzt die Montage im streng intellektuellen Kontext und weckt Erinnerungen an Sergej Eisensteins Montage der Attraktionen. Eine rhythmische Montage, die mit den Popsongs korrespondiert, scheint sich zwar anzubieten, wird aber unterlaufen. Im Gegensatz dazu kommt den Pop- und Rocksongs kommentierende Bedeutung zu. Die Sogwirkung entfaltet sich auf der Ebene des bewussten, assoziativen Sehens, nicht der einlullenden modernen Clipmontage, die oft auf Angers Film zurückgeführt wird. Der Skorpion ist in diesem Kontext als „phallisches

Segmentgeschöpf" ein Symbol für Thanateros, die Verbindung von Eros und Thanatos sowie Sex und Maschinen; im Übrigen auch ein explizit männliches, phallisches Symbol. Er umklammert die Verbindung zwischen Hell's-Angels-Kult, kindlicher Zerstörungswut, Fetischsex, Männerbund und Faschismus. Die Straße ist der reale, profane Raum der Biker, das Zimmer im zweiten Teil ist der symbolische, sakrale Raum. Im späteren Bikerfilm wird es diesen sakralen Raum nicht mehr geben. In *Scorpio Rising* dominiert im Verlauf immer mehr der Tod, der zu Beginn lediglich comichafte Präsenz beweist. Die Verführung zum Tod wird realer und – im letzten Teil – nahezu historisch lokalisiert. Die homoerotische Sexualität erscheint lediglich als ein Vehikel zum heimlich ersehnten Tod. Susan Sontag verweist in „Fascinating Fascism II" auf diesen Film übrigens als einen der wenigen gelungenen Versuche, einen Zusammenhang zwischen Dominanzlust, Faschismus und Sexualität zu visualisieren.[1]

Die Pieta

In seinem Roman *Querelle de Brest*[2] wagt der französische Transgressionspoet Genet die Ausformulierung einer trivialen, fast banalen Kriminalgeschichte als zutiefst subjektive Fabel; ich beziehe mich hier auf Georges Batailles in *L'erotisme* (1957) entwickelten Begriff der ‚Verbotsüberschreitung' (Transgression), in der er einen wesentlichen Schritt zur Selbstauflösung und zugleich zur ‚Weltimmanenz' sah, denn für Bataille sind wie für Genet Sexualität und Tod als Fest von Werden und Vergehen unauf-

1 Sontag 1975 / 2000, S. 121

2 1964 erschien in Paris die letzte Fassung dieses Romans, der eigentlich 1953 im Gefängnis entstanden war.

lösbar verknüpft: „Mit der Vorstellung von Mord verbindet sich oft der Gedanke an Meer und Matrosen. Meer und Matrosen erscheinen dann nicht mit der Schärfe eines Abbildes, Mord lässt vielmehr unsere Erregung in Wogen verebben."[1] Um die Hafenszenerie der Stadt Brest rankt er eine homoerotische Phantasmagorie, die von physisch präsenten schwulen Ikonen (Matrosen, Legionären, Polizisten, Arbeitern) und irrealen Lichtgestalten (der erhabene Leutnant Seblon, die mütterliche Lysiane) gleichermaßen bevölkert ist; eine betont homosexuelle, oft fetischistische Reflexion auf die Erotik des Mordens und der Unterwerfung wird hier zelebriert. „Die Glorifizierung der Gesetzesübertretung wurde zum Mittelpunkt seiner Prosa wie seines dramatischen Werkes. Der Mord als die betont erotische Variante des Tötens steht in Genets Wertskala obenan."[2] Rainer Werner Fassbinders letztes Filmwerk ist die exzessiv stilisierte Verfilmung dieses Romans (1982). Er unternimmt es, die obsessive, einer eigenen, oft hermetischen Mythologie verpflichtete Motivwelt in so künstliche wie befremdliche Bilder umzusetzen. Nie strebt er dabei nach einer Realitätssimulation der Studioszenerie, die er in komplementäres Kontrastlicht taucht, in gelb-orange-roten Schimmer, aber auch blaue und grüne Zonen. Der Film erinnert so auf durchaus makabre Weise an frühe Technicolor-Musicals, offenbart dabei aber zugleich den stereotypen Ursprung von Genets komplexer Verflechtung offensichtlich kitschiger Motive.

Der attraktive, muskulöse Matrose Querelle (Brad Davis), der seinen Lebensunterhalt mit Opiumschmuggel aufbessert, erscheint fast als perfektionierte Ausgeburt dieser konsequent phallozentri-

1 Genet [1964] 1974, S. 7

2 Kindlers Neues Literaturlexikon, Band 6, S. 212

schen Welt (die bis in die Turmkuppeln und Pfosten der Bauten ausgeformt wird). Querelle bewegt sich in einem Geflecht des Begehrens zwischen verschiedenen Charakteren, denen er sich letztlich nacheinander unterwirft: dem massigen Kneipenwirt Nono (Günther Kaufmann), dessen melancholischer Frau Lysiane (Jeanne Moreau), dem korrupten, sadistischen Polizisten Mario (Burkhard Driest), der in einer schwarzen Lederuniform auftritt, wie auch letztlich seinem Vorgesetzten Leutnant Seblon (Franco Nero), einer Lichtgestalt in blendend weißer Uniform, die ihn aus dem Hintergrund beobachtet, ihn heimlich liebt und seine Gedanken auf Tonband spricht. In einem blutrünstigen Akt tötet Querelle seinen Komplizen Vic (Dieter Schidor), eine Sequenz, die in ihrer ätherischen Stilisierung den Charakter eines mythischen Opferrituals annimmt. Gerade das ist das Motiv, um das die Reflexionen des Romans und des Films kreisen: Die Überschreitung des Tötungsverbots, das Menschenopfer als Lust, die Eliminierung der humanen Moral. Als der Bauarbeiter Gil (Hanno Pöschl) seinerseits einen Vorarbeiter tötet, verbündet sich Querelle mit ihm, verhilft ihm zur Flucht, verrät ihn später jedoch. Fassbinder schafft hier eine Doppelgängerfigur im Dostojewskischen Sinn: Indem er Gil und Querelles Bruder Robert von demselben Schauspieler darstellen lässt, schafft er sowohl eine Entsprechung wie einen Gegenentwurf zu dem passionierten Mörder.

Der hermetische Kosmos dieser kleinen Hafenszenerie wird zusätzlich betont, indem der Himmel meist in das dräuende Rot der Abenddämmerung getaucht ist, einer Zeit an der Schwelle, die den filmischen Raum in eine mystische ‚Twilightzone' verwandelt, die alles möglich macht: Die Figuren (man muss diesen Begriff hier bewusst verwenden) scheinen zu verharren, auf den Anbruch eines neuen Tages zu warten,

der sich nicht ereignen will; statt dessen kreisen sie im Ritual einer ewigen Wiederkehr, die kaum noch etwas von Nietzsches Utopie (die Wiederkehr als ‚Chance') zu bergen scheint. Ihre Dialoge rezitieren sie wie Monologe, die nicht selten die Funktion philosophischer Wendungen übernehmen. So verweigert Fassbinder letztlich allen Figuren die individuelle Ganzheitlichkeit und belässt sie als die Prinzipienträger, die sie sind. Eine Identifikation ist nicht gefordert, vielmehr das distanzierte Beobachten einer Welt, die in der Destruktivität ihrer Rituale kreist.

Un chant d'amour, *Scorpio Rising* und *Querelle* formulieren in radikaler Abstraktion ambivalente Welten phallozentrischer Dominanz, die einen sehr konkreten wenn auch sexualisierten ‚Willen zur Macht' zum Lebensprinzip erhoben haben und zugleich weiter gehen als zahlreiche spätere explizitere Werke. All diese Filme kreisen um eine abgeschlossene, stilisierte Welt, ein zeitloses Babylon, in dem die Homosexualität keinerlei Befreiung birgt, sondern zum Endpunkt eines Unterwerfungsrituals gerinnt, das die unfruchtbare Sexualität, den ‚latenten Tod', feiert: eine Welt als Abjekt in Kristevas Sinn. Und gerade hier liegt die problematische Ambivalenz, da ein solches todessüchtiges, rein maskulines Universum scheinbar die Vorurteile konservativer Heterosexueller nur bestätigt: In ihrer Fixierung auf die nicht-reproduzierende anale Sexualität, die bereits der Marquis de Sade als einen „Protest gegen Gott" feierte, wird die Homosexualität in diesen Filmen – seien sie nun von homo- oder heterosexuellen Filmemachern inszeniert – tatsächlich zur ‚Sexualität zum Tode', zur Agonie des phallozentrischen, männlichen Prinzips. Eine rein maskuline Gesellschaft, so suggerieren sie, sei eine todessüchtige, gar zum Tode verurteilte Gesellschaft. Und gleich Babylon erlebt sie den eigenen Untergang in einem lustvollen Todestanz, in dem sich Tränen aus Schweiß mit den letzten Tropfen des Blutes mischen.[1]

Fast parallel zu *Querelle* dreht William Friedkin den Psychothriller *Cruising* (1980) mit Al Pacino, der als Undercoverermittler eine Mordserie in der New Yorker Lederschwulenszene aufklären soll. Als Novize begiebt sich Pacinos Figur in die geheimnisvolle und abgründige Welt von Tom of Finland: eine Welt schimmernder schwarzer Lederjacken, militärischer Schirmmützen, Reitstiefeln, Handschuhen, Peitschen und Ketten. was Genet und Anger noch aus ihren eigenen Fetischen heraus fabulierten, war 1980 längst subkulturell institutionalisiert. Der Ledermann hatte eine (Uni)Form gefunden, und Tom of Finland hatte sie geprägt. Die Lederszene prägte mit ihren extremen Ritualen (Fisting, Darkroomsex) das Klischeebild eines Lebensstils und einer Mode am Abgrund

1 Siehe Miller [1993] 1995 und Bersani 1988

menschlicher Triebe. Die zweite Haut des schweren schwarzen Leders – traditionell oft Pferdeleder – wurde zu einem Signum übersteigerter männlicher Sexualenergie und ersetzte die schwarze Uniform, die bei Genet noch die ästhetische Verdichtung der sexuellen Dominanz war.[1] Kenneth Anger hatte in seiner Zeit mit den Hell's Angels diese Hypermaskulinität selbst erlebt und mit seinen eigenen Fetischismen kombiniert. Aber erst bei Fassbinder und Friedkin wurde diese Hypermaskulinität explizit mit Analsex und Lustmord verbunden. In *Cruising* werden gar Mordszenen mit pornografischen Nahaufnahmen parallelgeschnitten. Schwarzes Leder, die Uniform des Ledermannes, ist eine bis heute in der Popkultur verankerte Chiffre für das bedingungslose (männliche) Begehren, ein sich verselbstständigendes Begehren, das in seiner Absolutheit direkt in den sexuellen Abyss blicken will. Das zermoniell exponierte schwarze Leder wird hier zum Signum der Inversion und der Abgrenzung – es changiert zwischen Thackers satanistischer und paganistischer Definition von Schwarz.

1 Ercolani / Stiglegger 2020

Fetisch und Tabu
Provokativer Stil in schwarzromantischen Subkulturen

Mama, don't you believe what they say
These things don't mean what they meant yesterday
I don't wear these Iron Cross in spite
It means that Johnny loves me and my world is alright
Debbie Lori Kaye, *The Iron Cross*

Schwarze Tribes

In den letzten Jahren ist es üblich geworden, subkulturelle Bewegungen und Gegenkulturen als Tribalismus, also Stammeskulturen, zu betrachten. Der Bezug zu archaischen, vorindustriellen Stammeskulturen legt die Idee nahe, diese subkulturellen Phänomene einer kulturanthropologischen Betrachtung zu unterziehen. Dieser Ansatz hat sich bereits als äußerst fruchtbar in der Analyse von Hip-Hop-Phänomenen in den USA erwiesen, wie man Richard Shustermans Untersuchung *Kunst leben. Die Ästhetik des Pragmatismus* (1994), in der er Kunst als eine soziale Praxis u.a. in der subkulturellen Selbststilisierung beschreibt, entnehmen kann. Die massive Präsenz und zunehmende Relevanz von Körpertechniken und Kulturtechniken wie Fetischismus, Tabubruch und Totemisierung im Rahmen der schwarz-romantisch basierten Subkulturen von Gothic bis Post-Industrial und Neofolk spricht dafür, dies auch in diesem Umfeld zu versuchen. Die folgende Untersuchung möchte einige Aspekte am Rande der Gothic-Szene beispielhaft analysieren, um deren Bedeutung als provokative postmoderne Kulturtechniken zu eruieren. Im Zentrum stehen

dabei die Fetischisierung bestimmter kultureller Artefakte, Epochen und Symbole sowie der gezielte Bruch von Tabus der demokratischen westlichen Industriegesellschaft.

John Clarke definiert den Stil von Sub- und Jugendkulturen als eine „Neuordnung und Re-Kontextualisierung von Objekten, um neue Bedeutungen zu kommunizieren, und zwar innerhalb eines Gesamtsystems von Bedeutungen, das bereits [...] sedimentierte, den gebrauchten Objekten anhaftende, Bedeutungen enthält."[1] Wichtig ist also, dass sich subkulturelle Kulturtechniken bestimmter Objekte bedienen, die sowohl Restbestände ihrer ursprünglichen Bedeutung bergen, wie auch eine beabsichtigte Neucodierung von deren Bedeutung anstreben. Die folgenden Beispiele werden zeigen, dass sich bestimmte – oft auf historisch-politische Kontexte bezogene – Symbole in besonderer Weise für diese subkulturelle Vereinnahmung eignen.

Die Gothic-Subkultur schmückte sich von je her mit der Ikonografie der schwarzen Romantik des 19. Jahrhunderts, denn *„gothic"* bedeutet im Englischen nicht nur ‚gotisch', sondern ganz grundsätzlich mittelalterlich, unheimlich und mystisch. Es verwundert also kaum, dass die Stammes-Symbole der Gothic-Szene genau jene Symbole sind, die in der literarischen „gothic fiction" und deren filmischen Erben (den *Universal*-Horror-Produktionen der 1930er und 1940er Jahre etwa) etabliert wurden: lange, wallende Gewänder, schwarze Gehröcke, Korsetts, Gehstöcke mit silbernem Knauf, Grabkreuze, Rosenkränze, dunkles Augenmakeup und blasse Haut, Totenköpfe, Fledermäuse, Spinnweben und die Schauplätze des *memento mori*: Ruinen und Friedhöfe.

Die Industrial-Culture dagegen, die aus den avantgardistischen Strömungen des Post-Punk entstand, ist im Vergleich zur Gothic-Szene weniger rückwärtsgewandt als dezidiert modernistisch ausgerichtet. Ihre Reflexion der modernen Lebenswirklichkeit – Entindividualisierung, Entfremdung, Kälte, Mechanisierung, Technokratie, Terrorismus, Zensur – fand eine wesentlich weniger eindeutige Veräußerlichung als die Gothic-Szene und ließ sich deshalb

1 Clarke 1979, S. 133ff.

auch jahrzehntelang nicht auf modische Aspekte reduzieren. Dennoch tauchen in der Selbstdarstellung der frühen Industrial-Musiker Genesis P-Orridge (Throbbing Gristle), Graeme Revell (S.P.K.) und Boyd Rice (NON) regelmäßig Versatzstücke totalitärer Ikonografie auf: Reitstiefel, Breeches, schwarze Uniformjacken, Runen, SS- und Panzer-Totenköpfe, Feld- und Schirmmützen, Tarnmuster usw. Seit den frühen 1980er Jahren haben immer wieder Fans diesen Gestus nachgeahmt und modische Impulse daraus bezogen. Doch letztlich spiegelte sich darin vor allem ein Post-Punk-Gestus der Auflehnung gegen das Establishment der Gesellschaft, die mit ihrem eigenen Feindbild konfrontiert werden sollte. Immerhin hatten bereits Punkmusiker wie Sid Vicious (Sex Pistols) und Siouxsie Sioux (Siouxsie and the Banshees) faschistische Ikonografie (namentlich das Hakenkreuz) als Modeaccessoire getragen, und Glamrock-inspirierte Musiker wie David Bowie, Brian Ferry (Roxy Music) und später Ian Curtis (Joy Division) waren in den 1970er Jahren für ihre Faszination für den Nationalsozialismus bekannt. In Jugoslawien entwickelte sich aus dem Protest gegen die linke Diktatur Titos u.a. die Neue Slowenische Kunst (NSK), deren Industrial-Band Laibach zunächst nicht nur den Namen, sondern auch die Uniformen der früheren Okkupationsmacht Deutschland trugen. Aus dem Postpunk-Gestus von Joy Division generierte sich mit Death in June eine düstere Rockband, die in frühen Konzerten (ab 1981) in Flecktarn-Uniformen auftrat und eine stilisierte Variante des SS-Totenkopfes in ihr Bandlogo integrierte. Auch die Fans dieser beiden Gruppen trugen diese Symbole und Objekte als popkulturelle Fetische in die Subkultur, wohl wissend, sich dadurch als Gegner des politisch korrekten, demokratisch signifizierten *status quo* der westlichen Industriegesellschaft zu präsentieren.

Die eigentliche Popularisierung dieser zunächst marginalen Subkulturgeste erfolgte erst in den nächsten Generationen, die Gothic-, Postpunk- und Industrialszene gegen Ende der 1980er Jahre in einem Metakontext zusammenführte und den Eindruck einer vielgesichtigen ‚schwarzen' (im Sinne von düster-morbiden) Subkultur erzeugte. Stücke von Gothicrock-, Industrial-, Mittelalter- und Post-Punk-Bands wurden in den selben Clubs gespielt, und die Musiker unterschiedlichster Genres traten zu jener Zeit gemeinsam auf Konzertfestivals auf, z.B. dem Bizarre-Festival an der Loreley (später in Köln) oder den frühen Varianten des Wave-Gotik-Treffens in Leipzig seit 1992. Diese gegenseitige Durchdringung der schwarzen Subkulturen popularisierte auch die tabuisierten Symbole und Kleidungsstücke, so dass die Musikfans neben Mittelalter-Kleidern und Lederjacken gelegentlich auch Flecktarnjacken und Schirmmützen, neben silbernen Rosenkränzen auch Runen und Totenköpfe trugen. Vor allem im bayrischen Raum etablierte sich diese Mischung, während im Norden Deutschlands eher post-punkiges Schwarz dominierte. Diese Mischung von subkulturellen Splittergruppen, die vor allem der düster-morbide Blick auf die moderne Welt verband, resultierte jedoch bereits Mitte der 1990er Jahre langsam in einer Aufsplitterung in die unterschiedlichsten Subgenres, während für die Öffentlichkeit vor allem die stete Popularisierung eines schwarzen Mainstreams bemerkbar wurde. Bands wie HIM, Nightwish, Covenant oder Rammstein platzierten sich in den Media Control Charts und etablierten den Gothic-Stil als einen Mainstream der Minderheiten. Kleidungsketten wie H&M und Otto nahmen Ende der 1990er Jahre hin und wieder Gothic-inspirierte Mode (u.a. Korsetts, Samtkleider, Totenkopfschmuck) in ihr Programm auf.

Die kleineren schwarzen Splittergruppen indes radikalisierten ihren jeweiligen Stil hinsichtlich Musik, Schmuck und Kleidung. Unter dem starken Einfluss der neuen Bundesländer formierten sich (Sub-)Subkulturen wie Neofolk und Post-Industrial. Während die Fans der Throbbing Gristle-Erben sich an harschen Noise-Wällen mit autoritärem Schreigesang berauschten und durch Kurzhaarschnitt und militante Streetwear auffielen, die teilweise aus der Mode der Skinheads und Hooligans abgewandelt wurde, schwelgten die Anhänger des melancholischen Neofolk in von Akustikgitarren getragenen sehnsuchtsvollen, sonoren Liedern, zu denen sie im Gefolge von Death in June Tarnjacken, Schulterriemen, hohe Stiefel, lederne Kartentaschen, Runenschmuck und Feldmützen in die Clubs trugen. Beide Splittergruppen, die mitunter auf denselben Musik-Veranstaltungen zu finden waren, erregten in ihrer modischen Hochphase auf großen Festivals wie dem Wave-Gotik-Treffen in Leipzig im Jahr 2000 viel Aufsehen, da sie anders als das punkig-bizarre Gothic-Publikum eher an Besucher eines Nazi-Aufmarsches erinnerten und Nichteingeweihte nachhaltig verstörten. Was als revoltierendes Spiel mit dem tabuisierten Feuer gedacht war, trug vorhersehbare, wenn auch eher unangenehme Früchte: Politisch motivierte Gruppen stuften diesen Teil der schwarzen Subkultur als deren ‚rechten Rand' ein und riefen zum Boykott von Neofolk- und Martial-Industrial-Konzerten auf. In einigen Fällen konnten die städtischen Verwaltungen von der politischen Bedenklichkeit dieser Sub-Subkulturen überzeugt werden und unterstützten diese Forderungen. In anderen Fällen kam es zu gewalttätigen Übergriffen, wie dem Brandanschlag auf den Tourbus während des Death in June-Konzerts in der Frankfurter Batschkapp (12.5.1997)[1],

1 Klaus Walter, 14.4.2007: http://www.taz.de/1/archiv/archiv/?dig=2007/04/14/a0009

dem Angriff auf Besucher des Cold Meat-Festivals im UT Connewitz, Leipzig (27.5.2007)[1], oder der „gezielten Aktion gegen die Musikinstrumente und die Infrastruktur des Clubs" (Bekennerschreiben) im Freiburger Club Elvis Et Moi am 11. Oktober 2008[2]. Das Tabu war gebrochen, die „Strafe" folgte auf dem Fuß.

Eiserne Kreuze auf schwarzem Leder

All diese Phänomene sind nicht neu, sie lassen sich vielmehr im Kontext früherer Subkulturen nachweisen, wenn auch in anderem politischen Klima. ‚Gonzo-Journalist' Hunter S. Thompson etwa beschreibt in seiner Geschichte der Hell's Angels einen Mechanismus der bewussten Abgrenzung unter den gesellschaftlich entwurzelten Kriegsheimkehrern nach dem 2. Weltkrieg, die sich in den USA männerbündisch formierten, mit ihren Motorrädern durch das Land fuhren und sich mit den Kriegstrophäen aus Nazi-Deutschland schmückten – als Zeichen der Revolte, der Distinktion und der Divergenz. So wurden deutsche Stahlhelme, Eiserne Kreuze, SS-Kragenspiegel, Totenkopfabzeichen, Ehrendolche usw. zu subkulturellen Zeichen des Nonkonformismus, deren eigentliche Bedeutung sich bereits für die nächste Generation von Bikern auf Signifikatoren der Rebellion reduziert hatte. Diese Generation focht einen selbsterklärten Krieg gegen die amerikanische Gesellschaft. So sang Debbie Lori Kaye noch „these things don't mean what they meant yesterday" in Verteidigung ihres Eisernen Kreuz-Anhängers, während die Phantom Surfers konkretisierten: „To us the Iron Cross is not a symbol of hate [...] The Iron Cross is a symbol that us kids

1 Meldung und Diskussion: http://de.indymedia.org/2007/05/178805.shtml

2 Meldung und Diskussion: http://switzerland.indymedia.org/de/2009/02/67328.shtml

are really free." Für ihre Eltern in den 1960er Jahren musste der Nazi-Schmuck wie eine Verhöhnung ihres erfolgreichen Kampfes gegen die Nazi-Diktatur gewirkt haben. Ihre Kinder wurden zu Tabubrechern, die die Werte der Demokratie symbolisch beschmutzten. Was sie ihrem Selbstverständnis nach taten, war ein militaristisches Symbol aus seinem ursprünglichen historischen Kontext zu lösen, es umzucodieren und damit gegen die Gesellschaft zu stellen, jedoch aus der entgegengesetzten Richtung. Dabei steht das Eiserne Kreuz wie eh und je für Tapferkeit im Kampf, für Todesverachtung und Opfermut, wurde lediglich aus der politischen Konkretion gelöst. Das Eiserne Kreuz ist also nie völlig entleert, sondern auf einen beliebig codierbaren Nenner zurückgebrochen worden.

Die Übertragung des ethnologischen Begriffes Tabu auf die Neurosen der westlichen Gesellschaft geht auf Sigmund Freud zurück.[1] Das Tabu hat oder braucht keine rationale Begründung („Unmotiviertheit"), es ist somit in gewisser Weise willkürlich. Betrachtet man die Tabus der westlichen Industriegesellschaften, so haftet diesen dagegen meist eine bestimmte rationale Erklärung an, die als Begründung für die „innere Nötigung", das Tabu zu achten, einsteht. Die Missachtung des Tabus unterläuft die auf dieser Integrität basierende Machtstruktur und stellt sie in Frage. Die spezielle Ausprägung dieser Machtstruktur lässt sich auf eine bestimmte, rational nachvollziehbare Basis zurückführen, ist aber letztlich beliebig. Im Bruch des Tabus liegt zugleich der Reiz, die Überschreitung der Tabugrenze zu begehren, um das verbotene ‚Andere' zu erlangen. Deutlich wird immer wieder die „Ansteckung" durch das Tabu bzw. den Tabubruch: Wer das Tabu bricht, wird selbst zur tabuisierten Person oder Gruppe. Solche Mechanismen greifen in der westli-

1 Freud 1956, 10ff.

chen Gesellschaft vor allem an der Schnittstelle von Politik und Moral. Wer also ein zeitgenössisches Tabu bricht, wird umgehend selbst zum Tabu, und es besteht die Gefahr, in der Auseinandersetzung mit der tabuisierten Person selbst „angesteckt" zu werden. „Der Mensch, der ein Tabu übertreten hat, wird selbst tabu, weil er die gefährliche Eignung hat, andere zu versuchen, dass sie seinem Beispiel folgen. Er erweckt Neid; warum sollte ihm gestattet sein, was anderen verboten ist? Er ist also wirklich ansteckend, insofern jedes Beispiel zur Nachahmung ansteckt, und darum muss er selbst gemieden werden."[1] Dieser Punkt ist für die Kunst an sich sehr wichtig, erklärt er doch, dass ein Kunstwerk bzw. eine Performance in konkreter Weise als „Beispiel", also Vorbild, empfunden wird und somit als „Versuchung" wirken kann. Interessant bleibt an diesem Aspekt, dass dem tabubrechenden Medium (Musik, Theater, Film) explizit seduktive Qualitäten zugestanden werden: der Tabubruch, die Grenzüberschreitung selbst ist verführerisch.

Neben seiner starken Verführungskraft erweist sich der Tabubruch als problematisch, weil er auf Provokation ausgelegt ist. Durch soziale Vorgänge wie Habitualisierung, Absorption, Domestizierung und Integration kann provokatives Potential zerfallen, sich im Zuge seiner Vereinnahmung gar als uneffektiv erweisen. Das ist der Punkt, an dem Dekonstruktion in Affirmation umschlägt, der Punkt, an dem Subkultur nicht länger emanzipatorisch wirkt, sondern reaktionär wird. In den frühen 1980er Jahren tritt in der Popkultur eine semantische Entwertung ein. Die Zeichen werden beliebig umcodierbar. Konnte die Subkultur zuvor noch auf das widerständige Potential der Widersprüchlichkeit zwischen Zeichen und Verhalten bauen, wurden die Zeichen in der postmoder-

1 Freud 1956, 27

nen Phase der Popkultur austauschbar. Symbole wie das Eiserne Kreuz hatten ihre subversive Kraft verloren. In einer Welt der Simulation konnte man nicht mehr auf die Stilrevolte bauen. Die deutsche Elektro-Band DAF reagierte darauf mit einer Ausweitung der Tabugrenzen und kreierte einen faschistoiden Männerbund, eine ‚Kriegerkaste', die sich „ein bisschen Krieg" wünschte, „so dreckig wie noch nie" (Zitat aus dem Stück „Ein bisschen Krieg").

Als erstaunliche Konstante in dieser Genese der Zeichen und Symbole erwies sich das Eiserne Kreuz, das sich seit dem 19. Jahrhundert als ständig transformierender Mythos gehalten hat. Das Eiserne Kreuz ist ein militärischer Mythos der deutschen Kaiserzeit, erstmals verliehen 1813. Es ist somit eindeutig ein Zeichen des Militarismus, kein genuines Merkmal des Nationalsozialismus des 20. Jahrhunderts, der es jedoch bereits 1939 zum Fetisch erhoben hatte: Tausende von Witwen bekamen diesen kalten Orden stellvertretend verliehen, nachdem ihre Männer zuvor auf ‚dem Feld der Ehre gefallen' waren. Ein Symbol des ‚Opfermutes' für ein menschenverachtendes System, behaftet mit dem Ruch des unvermeidlichen Todes. Dieser Ruch blieb, und pflanzte sich fort, von Subkultur zu Subkultur: von den Bikern zu den Surfern, zu den Hippies, zu den Glamrockern, den Rockabillies, den Hardrockern (*Motörhead* erkoren es zu ihrem eigenen Fetisch), den Punks, den Skinheads, den Gothics (hier trugen es in den 1980er Jahren *The Cult* aus London, später wurde es zum Logo der US-Goths *Shadow Reichenstein*) bis hin zu den Neofolkern und Military-Poppern.

Die schwarze Uniform als Fetisch

Die Auseinandersetzung mit totalitären Systemen im 20. Jahrhundert ist nicht nur eine Möglichkeit, sondern geradezu eine wesentliche Aufgabe der zeitgenössischen Kunst. Diese Auseinandersetzung kann in Form einer expliziten Anklage bestehen, was eine klare Polarität von Darstellung und Dargestelltem bedingt. Oder das Kunstwerk kann sich einer Ambivalenz bedienen, d.h., es arbeitet mit der scheinbaren Affirmation totalitärer Phänomene durch Aussagen, performative Gesten oder äußerliche Ästhetik, um den Rezipienten zu einer konstruktiven Auseinandersetzung zu provozieren. Solch eine Strategie nutzt etwa das slowenische Künstlerkollektiv NSK. In permanenter Transformation offensichtlich oder nur scheinbar totalitärer Motive, Aussagen und Gesten – v.a. bei Auftritten der NSK-Band *Laibach* – erzeugen sie eine Atmosphäre momentaner Euphorie und Identifikation, die das Publikum am Ende hilflos zurücklässt. Diese Desorientierung zwingt förmlich dazu, sich selbst innerhalb der Positionen zu verorten. Bereits die Verwendung totalitärer Ästhetik wird als Tabubruch betrachtet, das gilt speziell für jene des Nationalsozialismus. Doch gerade der mit der nationalsozialistischen bzw. stalinistischen Ästhetik verbundene Ruch von Krieg und Völkermord führt zu jenem starken und ungebrochenen Interesse an der Verwendung dieser ‚Ästhetik der Macht und Souveränität'.

Die tabuisierte schwarze SS-Uniform, wie sie in zahlreichen Filmen, Büchern, aber später auch in Bühnenshows (z.B. Marilyn Manson) auftaucht, präsentiert sich wie folgt: Schirmmütze mit weißer oder silberner Borte und gelacktem Schirm sowie Lederriemen oder Aluminiumkordel; als Aufputz sind der Reichsadler mit Hakenkreuz und der SS-Totenkopf aus Metall zu sehen; die Jacke ist mit derben silbernen Metallknöpfen, samtenen Kragenspiegeln mit den bekannten Sig-Runen, weißer oder silberner Kragenpaspellierung und einer Schulterklappe versehen;

die von geknöpften Hosenträgern gehaltenen Reithosen fallen durch weit geschnittene Oberschenkelpartien auf; der Koppel mit silbernem Schloss wird durch einen schmalen Schulterriemen ergänzt; Reitstiefel mit hohem, engem Schaft; am linken Ärmel ist die schwarz-weiß-rote Hakenkreuzarmbinde befestigt; am Gürtel wird entweder der schwarze Dienstdolch mit der Klingenätzung „Meine Ehre heißt Treue" getragen oder aber die Dienstpistole. Ergänzende Kleidungsstücke sind der Dienstmantel aus schwarzem Filzstoff in vergleichbarer Ausführung sowie seltener der doppelreihig geknöpfte Ledermantel. Diese Uniform wurde von der Allgemeinen SS - nicht der militärischen Waffen-SS - in der Zeit zwischen 1933 und 1938 getragen. Bereits 1935 wurde alternativ die graue Uniform eingeführt, die während des Krieges und von Angehörigen der Waffen-SS getragen wurde und wesentlich verbreiteter war. Alternativ zur Schwarzen Uniform durfte an heißen Tagen auch eine weiße Variante getragen werden, die das Farbschema umkehrt (von Brian Warner/Marilyn Manson getragen im Booklet des Albums „The Golden Age of Grotesque", 2003).

Susan Sontag geht in ihrem Essay „Fascinating Fascism II"[1] schließlich auf die Sexualisierung faschistischer Ästhetik – speziell auch die der Uniformen – ein. Dabei gibt sie ein interessantes Phänomen zu bedenken, das noch heute in der Selbstdarstellung einiger Musiker eine Rolle spielt: „There is a general fantasy about uniforms. They suggest community, order, identity [...], competence, legitimate authority, the legitimate exercise of violence. But uniforms are not the same thing as photographs of uniforms – which are erotic material and photographs of SS uniforms are the units of a particularly powerful and widespread sexual fantasy."[2] Die Autorin sagt dies bezüglich eines Militaria-Bestimmungsbuches, aber angesichts der spezifischen Verwendung von SS-Uniformen im Spielfilm und bei Bühnenperformances oder Imagefotos von Bands aus dem Gothic-Umfeld (Marilyn Manson, Shadow Reichenstein, Nachtmahr, aber auch Laibach und Death in June) ist eine Übertragung dieses Gedankens sehr aufschlussreich. Tatsächlich wird der Uniformträger im Unterhaltungskontext offenbar anders rezipiert als etwa im Dokumentarfilm. Der Medienwechsel vom Foto zum Spielfilm und schließlich zur Bühnenperformance scheint diese Veränderung zu bedingen: Die solcherart enthistorisierte Uniform wird ihrerseits zur Projektionsfläche sexueller Wünsche und Phantasien. Die sexuelle Konnotation der Uniform rührt von der offensichtlichen sexuellen Erregung her, die einige Leute mit Gewalt und dem damit einhergehenden

1 Sontag 1980, 98–105

2 a.a.O., 99

Verhältnis von Dominanz und Unterwerfung verbinden[1]. In diesem sexuellen Kontext wird es zumindest nachvollziehbar, warum immer wieder auf das Klischee der Uniformierung nach den Vorgaben der faschistischen Ästhetik zurückgegriffen wird, wenn es um die Dämonisierung von Charakteren geht. Susan Sontag vermutet, die SS-Uniform bietet sich vor allen anderen an, da die SS ihren Herrschaftsanspruch ins Dramatische überhöhte, indem sie sich gewissen ästhetischen Regeln unterwarf: „SS uniforms were stylish, well-cut, with a touch (but not too much) of eccentricity."[2]

Der künstlerischen Kopplung von totalitärer Ästhetik und sexuellem Stimulans bzw. Fetischisierung begegnet man auch in den Bühnenshows von Death in June, wo düsterromantische Liebeslieder mit der latenten Präsenz des Todes kollidieren („Death is the Martyr of Beauty"). Hier werden literarische Motive der legendären homosexuellen Schriftsteller Jean Genet und Yukio Mishima weiterentwickelt, die ihrerseits zur Sexualisierung des Militärkultes neigten.

Auch die populäre Gothic-Musik bedient sich dieser Kombination: Brian Warner von Marilyn Manson trat um 2000 vermehrt in nationalsozialistischen Uniformen auf, etwa im Duett mit dem Rapper Eminem oder als Interviewpartner in Michael Moores Essayfilm *Bowling for Columbine* (2002). Hier symbolisiert die schwarze SS-Uniform die Hybris des Rockstars und zugleich dessen Dekadenz. Wie Death in June mit ihren Performances immer wieder auf Unverständnis und Zensur stießen, geriet Warner in Konflikt mit seiner Band, die seine Sammlerwut bezüglich nationalsozialistischer Relikte eher mit

1 a.a.O., 99

2 a.a.O., 120. „SS-Uniformen waren stilvoll, gut geschnitten, mit einem Hauch (aber nicht zuviel) Exzentrik."

Befremden beobachtete. Affirmiert wurde dieser Uniformkult jedoch von dem Fotografen Gottfried Helnwein, der 2003 entsprechende Imagefotos für Marilyn Manson machte und an seine eigenen Werke thematisch anschloss.[1] Death in June dagegen verwenden historische Uniformen in ihren Shows als eine Art ‚negative Poesie'. Daher kommt es bei ihnen zu einer sehr starken Kopplung von sexueller, militaristischer und lyrischer Symbolik: Tarnkleidung, Masken, Symbole, schwarzromantische (homoerotische) Liebeslieder usw. Die oft kritisierten nationalsozialistischen Motive (Artwork auf Albumcovern, authentische Uniformen, SA-Dolche, der SS-Totenkopf im Bandlogo) werden also in den performativen Kontext übertragen und somit weitgehend enthistorisiert und entpolitisiert

Diese Kulturtechnik kann – im Umkehrschluss – sehr leicht als ‚Romantisierung' oder ‚Mystifizierung' dieser historischen Elemente interpretiert werden, was den Verdacht der Affirmation nahelegen würde. Die Frage ist jedoch weniger: Was sagen Death in June damit über Politik aus?, als vielmehr: Was entsteht aus dieser eigentlich unverträglichen Mischung aus Militarismus, Homosexualität, Mystik, Weltschmerz und Romantik? Von einer ‚affirmativen Mystifizierung' kann kaum die Rede sein, wenn man nicht lediglich einzelne Textzeilen aus dem Zusammenhang löst. Vielmehr finden sich neben den oft zitierten kontroversen Elementen auch zahlreiche konkrete und unmissverständliche Anklagen gegen Krieg und Völkermord („Heaven Street"), Kolonialismus („Little Black Baby"), Sexismus („In the Nighttime"), christlichen Fanatismus („Holy Water") u.a. in den Liedern von Death in June, woraus ein komplexes künstlerisches Bild entsteht.

1 Siehe hierzu z.B. Helnweins Website: http://www.helnwein.de/werke/leinwand/bild_293.html

Dass die aus martialischer Uniformierung sowie tabubelasteter und okkulter Symbolik konstruierte subkulturelle Stilrevolte gezielt sinnliche Affekte anspricht und somit auf erotische Attraktivität schielt, ist kaum bestreitbar und erklärt, warum gerade ehemalige Gothic-Rocker so empfänglich für den noch unheimlicheren, noch ‚exklusiveren' Kleidungsstil der Neofolk- und Martial Industrial-Szene sind, oder waren, bzw. diesen für ihre eigenen Zwecke adaptiert haben (etwa die Wiener EBM-Band Nachtmahr). Es geht darum, durch Tabubruch und Selbststigmatisierung diese Exklusivität immer neu zu behaupten und so eine ultimative Distinktion innerhalb einer ohnehin bereits ‚exklusiven' schwarzen Subkultur zu erreichen. Dass sich dabei die Grenzen verwischen, dass man schließlich Neofolk-Fan, sexuellen Uniformfetischisten und Neonazi äußerlich kaum noch unterscheiden kann, macht den Umgang für den außenstehenden Betrachter zweifellos schwieriger, sollte aber nicht zu dem bequemen Kurzschluss verführen, formal Ähnliches für inhaltlich Gleiches zu halten, auch wenn die Symbole und modischen Fetische der schwarzen Subkulturen der erstarrte Gestus einer Revolte der Unzufriedenen bleiben, der nur noch auf sich selbst verweist und den Tabubruch selbst als Erfolg feiern möchte.

Under|cut
Zur Geschichte und Ästhetik eines ‚abgründigen' Haarschnitts

Fury-Cut

Die Assoziation des Abgründigen und Finsteren ist auch mit einem Haarschnitt verbunden, der eine bewegte Geschichte aufweist und auch ohne die explizite Schwarzfärbung die populären Phantasien der Musik- und Modekultur anregt, da er retrospektiv auf unterschiedliche Weise den Stil des Invertierten, des Antagonisteischen, der Counter Culture vorgab.

Im Jahr 2014 kam ein amerikanischer Kriegsfilm mit Brad Pitt ins Kino, der auf den ersten Blick etwas anachronistisch wirkte: *Fury* (*Herz aus Stahl*) von David Ayer. Das blutige Kriegsabenteuer wurde weniger durch seine kompromisslose Actioninszenierung bekannt, als vielmehr durch Brad Pitts Frisur, der als *Fury*-Cut im Internet von zahlreichen Haarstylisten in Videoblogs erläutert wird. Pitts klassischer Undercut mit leichtem Fade-In und mittellangen Haupthaarsträhnen entwickelte sich zu einer Mode, und das obwohl und vermutlich weil diese betont coole Frisur wenig oder nichts mit einem historischen Soldatenhaarschnitt zu tun hat. So verbreitete sich dieser Cut über die urbanen Hipstermetropolen, Internetbeiträge und Fotos bis auf die internationalen Laufstege und Fashion Weeks.

Pitt war allerdings nicht alleine, als er mit dieser ikonischen Frisur platziert wurde. Noch ahistorischer wurden die zünftigen Krieger der History-Channel-Serie *Vikings* (2013ff.) gestaltet: Auch sie haben Undercut und gelegentlich auch Mohawks – Irokesenschnitte, bei denen die Nackenhaare ebenfalls lang gelassen werden und nur die Seiten rasiert sind, gesäumt von langen Vollbärten. Sie ähneln damit

genau jener urbanen Hipster-Spielart, die man aus New York/Brooklyn und Berlin/Mitte kennt, lediglich martialisch aufgerüstet mit Kopf- und Gesichtstattoos. Wichtiger scheint es, dem Publikum im historischen Kontext einen ästhetischen wie vertrauten Anker zu bieten, als historisch adäquate Bilder zu erschaffen, die Wikinger zu dieser Zeit in bunt bestickten, wertvollen Gewändern und mit frisierten Haaren darstellen. Es ist nicht einmal nachgewiesen, dass Gesichtstattoos damals verbreitet waren. Doch das Publikum gab dem Produktionsteam der Serie recht: *Vikings* prägte weltweit die populäre Vorstellung davon, wie wilde nordische Krieger auszusehen hatten, und in dieser Variante trugen sie eben einen Undercut.

Poverty Cut

In der Depressionsära der 1920er Jahre mit ihren globalen Wirtschaftskrisen tauchte der Undercut erstmals vermehrt auf. Er war bekannt als ‚Poverty

Cut', mit dem sich junge Männer ohne Mittel einen Haarschnitt beschafften, der an den gepflegten aber teuren Facon-Schnitt erinnerte, aber auch von Laien geschoren werden konnte. Wie zu erwarten, entstand auch daraus ein Signature-Cut, ein Bekenntnis zur arbeitenden, aber armen Bevölkerung, den sich aufsteigende Männer bewahrten. Das galt auch für Mitglieder von kriminellen Gangs wie den Scuttlers in Manchester und den Peaky Blinders in Birmingham, die sich wiederum an den gewalttätigen ‚Hooligans' des späten 19. Jahrhunderts orientierten.[1] Als Pomade nutzte man das hoch feuergefährliche Paraffinöl.

In Serien wie *Boardwalk Empire* (2010–2014) und *Peaky Blinders* (2013ff.) taucht der Undercut daher bei den ‚wilden jungen Männern', den agilen Jung-gangstern, in den Medien auf. Besonders Michael Pitt (keine Verwandtschaft mit Brad – neben dem Haarschnitt) konnte dieses Bild nachdrücklich in der popkulturellen Wahrnehmung verankern. Da allerdings der Begriff ‚Poverty-Cut' im Folgenden nicht sehr sexy anmutet, leitet man den heute populären Undercut aus einer späteren Epoche her, die viel berüchtigter konnotiert ist: aus der Männermode des Dritten Reiches. International wird die Frisur wahlweise als Hitler Youth-Cut oder Nazi-Cut angeboten.

„HJ-Schnitt"

In Steven Spielbergs *Saving Private Ryan* (*Der Soldat James Ryan*, 1996) müssen die amerikanischen G.I.s immer wieder gegen Mitglieder der berüchtigten deutschen Waffen-SS kämpfen, jener ‚ideologisch geschulten Truppen', die in zahlreiche Kriegsverbrechen

1 Als ‚Hooligan' bezeichnete man gewaltbereite Straßengangster in Anlehnung an den irischen Wegelagererclan O'Hoolihan; vgl. Buford 2001.

gegen Zivilisten verwickelt waren. Das typische Alter des Waffen-SS-Mannes war Anfang 20, und zum Ehrenkodex gehörte es, den männlich codierten ‚Fasson-Schnitt' mit ausrasiertem Nacken und Seiten und scharf gezogenem Seitenscheitel auch in Kampfsituationen zu bewahren: „Hauptsache, die Frisur sitzt."[1] Sehr ähnlich übrigens jener Optik, die Brad Pitt in *Fury* verliehen bekam, obwohl gerade bei den amerikanischen G.I.s der kurze und pragmatische „Bürstenhaarschnitt" verbreitet war. Historisch war dagegen definitiv jene Frisur, die Thomas Kretschmann in Joseph Vilsmeiers Kriegsfilm *Stalingrad* (1993) trägt.

Es war genau jene ‚schnittige' Attraktivität, die Spielberg in seinem Film zu vermeiden suchte: Er lässt in zwei Schlüsselszenen einen SS-Mann auftreten, der deutlich Ende dreißig ist und die Haare so kurz wie ein Häftling geschoren hat. Diese Erscheinung wird mit einem betont brutalen Auftreten kombiniert, um vermutlich Erinnerung im Publikum an ‚Boneheads' zu wecken, rechtsextreme und rassistische Anhänger der Skinhead-Kultur, wie sie in den USA weithin bekannt

1 https://www.sueddeutsche.de/kultur/mode-ausstellung-glanz-und-grauen-schick-im-fascho-look-1.1304478-2 (Stand: 11.7.2019)

sind. Im Gegensatz zu den ursprünglichen Skinheads aus England seit den 1960er Jahren, die ihre Haare kurz geschoren, aber nicht komplett rasiert tragen, SKA-Musik hören und betont antirassistisch auftreten, knüpfen die ‚Boneheads' an den rechtspolitischen Zweig der National Front-Skins aus England an, der sich um 1980 etablierte. Daraus entstand über die Jahre das mediale Bild des Neonazi-Schlägers mit Glatze, den auch Spielberg zum Vorbild für seine Kriegsfilminszenierung nahm. Tatsächlich aber finden sich auf historischen Fotos der Waffen-SS-Truppen zu Beginn des Krieges oft lachende Jungengesichter mit sorgfältig gelegten oder manchmal scharf gezogenen Seitenscheiteln und ausrasiertem Nacken.[1]

In den letzten Jahren wurde das Bild des Rechtsextremisten in den Medien allerdings differenziert und speziell in den USA wird der Undercut im Stil der HJ in den letzten Jahren vor allem mit Vertretern der „Alt-Right" identifiziert, die nach einer Webseite des White Supremacists Richard B. Spencer benannt sind. Spencer hat diese Frisur also aktiv in den politisch rechten Kontext zurückgeführt, was die Verhältnisse verkompliziert: Während in manchen Kontexten die Frisur trotz des Bezugs zum „Nazi Chic"[2] betont unpolitisch getragen wird (etwa in Kombination mit einem gepflegten Vollbart), haben die Protagonisten der Alt-Right – darunter auch der VICE-Mitbegründer Gavin McInnes – diesen Haarschnitt vorsätzlich repolitisiert. In den letzten Jahren ist das Phänomen auch in der rechtsextremen Szene Deutschlands zu beobachten, wie Nachrichtenbilder einschlägiger Festivals belegen.

1 Zur Rezeption siehe: https://mybeardguy.com/cfca-stated-that-hitler-youth-haircut-is-becoming-very-popular-hairstyle-in-new-york/ (Stand: 30.6.2019)

2 Stiglegger 2011

Post-Punk und Nazi-Chic

Die Punkkultur der 1970er Jahre verstand sich als Gegenbewegung zur Hippieära und ihrem Langhaarlook. Die Punks trugen die Haare kurz geschoren, stellten sie zu Stachelfrisuren auf oder rasierten sie bis auf einen Irokesenkamm in der Mitte des Kopfes und Nackens ab. Sie wollten kriegerisch erscheinen, als eine chaotische Armee der Apokalypse. Bereits in den späten 1970er Jahren tauchte in diesem Kontext ein Phänomen auf, das man als Nazi-Chic bezeichnen kann: Nicht nur trugen einige Punks bewusst Nazisymbole an ihrer Kleidung (The Stooges, Sid Vicious, Siouxsie Sioux), auch konnte man eine dem HJ-Schnitt ähnliche Frisur beobachten, die vor allem in der ausgehenden Punkkultur nach 1980 auftauchten. Die Strenge des Undercuts mit Scheitel oder Slickback (nach hinten pomadiertem Haar) prägte das Bild des Post-Punk von Joy Division bis in die Neue Deutsche Welle hinein, wo DAF und Rheingold mit dem Nazi-Chic kokettierten. Belege sieht man auf LP-Covern und in Filmen der Zeit, etwa Eckhart Schmidts *Der Fan* (1982) mit Bodo Staiger von Rheingold.

Auch in der Industrial Culture jener Jahre experimentierte man mit der Ästhetik des Faschismus. Laibach in Slowenien (gegründet 1981) trugen von Beginn an Undercuts und Faconschnitte zu form- und materialkonservativer Kleidung. Die Industrial Culture nutzte diese Strategie als betont antipopuläre Konfrontationsstrategie. Aus Postpunk und Industrial Culture gleichermaßen speiste sich die Musikkultur des Apocalyptic Folk, die heute als Neofolk bekannt ist.[1] Primärer Protagonist ist die bereits erwähnte Band Death in June aus London, die zum ausrasier-

1 Diesel / Gerten 2007

ten Faconschnitt auch Tarnuniformen der Waffen-SS auf der Bühne trug und trägt. In diesen subkulturellen Strömungen erscheint der Undercut affirmativ zur historischen Anbindung an den HJ-Schnitt und wird daher häufig kritisch kommentiert.[1] Aus Sicht der Subkulturen funktioniert diese Provokationspolitik als Abgrenzung zum popkulturellen Mainstream gut, allerdings hat dieses Phänomen letztlich zu einer Marginalisierung dieser Musikgenres geführt.[2]

Unisex

Der Undercut als Signum des ‚metrosexuellen Mannes', wie man das Phänomen modelliert an David Beckham Mitte der 2000er Jahre nannte, verwies zugleich auf die Tatsache, dass es sich dabei letztlich um eine Unisex-Frisur handelte. Sie konnte sowohl von Männern als auch von Frauen getragen werden. In den letzten Jahren hat sie sich entsprechend unter Prominenten und in der Popmusikkultur auch bei Frauen verbreitet. Schauspielerin Tilda Swinton trägt sie in wasserstoffblond und Popsängerin Miley Cyrus hat ihr populäres Medienimage darauf begründet. Schauspielerin Scarlett Johansson gilt vielen als Prototyp urbaner weiblicher Sinnlichkeit, doch auch sie riskierte den Bruch mit den Fanerwartungen[3], als sie mit einem Slickback/Undercut mit blondierten Strähnen öffentlich auftrat.

Diese Popularität des Haarschnitts unter weiblichen Stars betonte die Androgynität, die damit evo-

1 Zur kritischen Rezeption mit Verweis auf den Undercut: https://www.rollingstone.de/der-sound-der-neuen-rechten-1107335/ (Stand: 11.7.2019)

2 Stiglegger 2011, 81–95.

3 Siehe z.B.: https://www.hollywoodreporter.com/news/scarlett-johanssons-oscars-2015-hair-776917 (Stand: 30.6.2019)

ziert werden konnte, und ergänzte sich mit dem in den letzten Jahren etablierten medialen Diskurs über die Auflösung von Geschlechterdefinitionen. Was zuvor als ‚metrosexuell' beschrieben wurde und vor allem die Indifferenz männlicher Selbstpräsentationen definiert, zeigte sich nun in einer symbolischen ‚Selbstermächtigung' weiblicher Ikonen mit einem ‚indifferenten' Gender-Gestus.

Heritage Style

Durch die Popularität und dem großen Einfluss der britischen Serie *Peaky Blinders* im Rahmen der Herrenmode-Industrie wurden nicht nur Newsboy-Caps (Ballonmützen aus Tweed), dreiteilige Anzüge mit Übermantel und weiße Hemden mit Stehkragen erneut gefragt, sondern auch der Undercut feierte eine Renaissance als ‚Barber-Cut'.[1] Er wurde zum Signum des urbanen Heritage-Hipsters, mit sorgfältigem Fade-in an den Seiten und im Nacken und im Idealfall grauen Salt & Pepper-Strähnen im Deckhaar. Für manche mag da noch immer die Hitlerjugend durchschimmern, doch die popkulturelle Legitimation bleibt solide und hat dem Undercut eine andauernde Präsenz im urbanen Straßenbild ermöglicht. Zudem ist der Kult um zeitlose, qualitätsvolle Kleidung des frühen und mittleren 20. Jahrhunderts nicht sehr militant, sondern kennzeichnet eher den gutverdienenden urbanen Dandy.

Auch im arabischen Raum gab es in vormuslimischer Zeit eine Mode, die Haare oben lang und an den Seiten kurz rasiert zu tragen. Gemäß den Worten Mohammeds, dem Hadīth, sind solche Haartrachten jedoch abzulehnen, da sie sich auf die historisch vormuslimische Zeit beziehen, die als heidnisch betrachtet wird, und somit als ‚makruh', also ‚abzulehnen' im Sinne der islamischen Ideologie, zu sehen sei.[2]

Ungeachtet dessen hat sich der ‚Barber Cut' auch in Milieus mit Migrationshintergrund fest etabliert und den gut ausgebildeten türkischen Friseur er-

1 In Deutschland hat die vierteljährlich erscheinende Zeitschrift The Heritage Post (Düsseldorf) maßgeblich zur Popularisierung dieses Modetrends beigetragen.

2 https://islamicevents.sg/blog/articles/hairstyles-forbidden-by-the-prophet/ (Stand 30.6.2019)

folgreich zum ‚Turkish Barber' gekürt, der nun den Hipster-Läden Konkurrenz machen kann.

Der Undercut heute signalisiert Exzentrik und Konsequenz in der selbst gestalteten Ästhetik der Existenz. Er betont die ‚Kante' konkret wie metaphorisch und ist daher authentisch ‚edgy'. Wer einen Undercut trägt, zeigt, dass er/sie sich nicht so leicht anpassen wird, sondern bereit ist, einen eigenen Weg zu gehen. Eine Underground-Ikone wie der Rockmusiker Brian Warner bzw. Marilyn Manson präsentiert den Look in diesem Sinne. Zugleich ist der unisex-Charakter dieses Haarschnitts erstaunlich zeitgemäß mit seiner Nivellierung von Gendergrenzen. In seiner Grenzziehung ist er transgressiv auf eine konstruktive Weise. Im Spiel der modischen Codes wird der Undercut immer eine eigene Nische finden, die nicht jedem genehm sein will. Insofern hat sich diese ‚abgründige' Frisur fest in den schwarzen Subkulturen etabliert.

Schwarze Flaggen
Politik, Pop und Terrorismus

Stählerne Körper in schwarzen Hemden Faschistische Männerkörper in der populären Kultur

Panzerketten und Maschinen
Nägel, Schrauben und Turbinen
Brückenpfeiler, Eisenbahn
Ja ich bin ein Eisenmann
Rammstein, *Eisenmann* (2010, unreleased)

Mediale Körperpanzer

Spricht man über Politik und die Farbe Schwarz, stößt man umgehend auf die schwarze Flagge der Anarchisten und die schwarzen Hemden der italienischen Faschisten. Über die schwarze Uniform der Nazis hatten wir bereits gesprochen. Doch gerade in der Beschäftigung mit der Ästhetik des italienschen Faschismus wird deutlich, dass mit dessen Selbstdarstellung nicht nur eine Farbe, sondern auch ein sehr spezifisches Körperbild verbunden ist. Um den faschistischen Körperpanzer soll es nun gehen, dessen Härte und Kälte ein weiterer Ausdruck jenes menschlichen Abgrundes ist, dessen Schwärze die Neugier ködert, am Ende jedoch Emotionen und Begehren völlig absorbiert.

Aufbauend auf meinem Buch *Nazi Chic und Nazi Trash. Faschistische Ästhetik in der Populärkultur* (Berlin 2011) widmet sich dieses Kapitel dem immer wieder in der Populärkultur beschworenen faschistischen Männer/Körperbild. Dabei soll der Begriff eines „faschistischen Stils" (Gottfried Benn) kritisch neu diskutiert und die inzwischen klassischen Thesen von Klaus Theweleit (*Männerphantasien*) reevaluiert bzw. aktualisiert werden. Der hier noch herzuleitende Begriff des „faschistischen Stils" wird bewusst von rechtsextremen oder gar nationalsozialistischen Ideologien differenziert verwendet, um die Verselbstständigung bestimmter Elemente u.a. in der nicht explizit ideologischen Popmusik benennen zu können. Faschistischer Stil ist also nicht gleichbedeutend mit der Repräsentation faschistischer Politik. Es wäre daher zu überlegen, ob nicht der inzwischen ungebräuchliche Begriff des Fascismus (mit dem Bezug zu ‚fasces', den römischen Liktorenbündeln, die als Machtsymbole fungierten) passender ist. Wesentlich erscheinen dagegen psychoanalytisch basierte Metaphern wie der Körperpanzer als Prototyp des trockenen, harten und männlichen Körpers, der wiederum die Basis des faschistischen Stils bildet, während die Sphäre des feuchten, weichen und weiblichen Körpers als Dichotomie auftaucht.

In seinem bekanntesten Buch *Männerphantasien* versucht Klaus Theweleit, einige der verbreiteten psychoanalytischen Ansichten über den faschistischen Männertyp neu zu formulieren. Inspiriert sind seine Ansätze durch die amerikanische Psychoanalytikerin Margaret Mahler, die in *On human symbiosis and the vicissitudes of individuation* (1969) psychotische Kinder untersuchte, deren Züge Theweleit mit den Attitüden der von ihm analysierten Kriegsautoren – Hermann Ehrhardt, Gerhard Roßbach, Martin Niemöller, Rudolf Höß, Ernst von Salomon, Paul von Lettow-Vorbeck und Manfred von Killinger – vergleicht, die den Ausgangspunkt seiner zunächst vor allem literaturwissenschaftlichen Untersuchung bilden. Die Übereinstimmung bildet u.a. die Unfähigkeit zu menschlichen Beziehungen, ein Entgleisen der libidinösen menschlichen Objektwelt und ein aggressionsgesättigtes, chaotisches „Inneres". Die wichtigste Erkenntnis zielt auf einen Zustand des ‚Nicht-zu-Ende-Geborenen ab: Weder bei den von Mahler beschriebenen Kindern noch bei dem durch die untersuchte Literatur repräsentierten faschistischen Männertyp sei ein von innen heraus gewachsenes Ich im Sinne der Freudschen Psychoanalyse – als Mittler zwischen der Welt und dem Es – voll entwickelt. Durch diesen signifikanten Mangel sei der faschistische Typ nach Theweleit von einer ständigen Paranoia geplagt und folglich zu permanenter Angstabwehr gezwungen. Anders als die untersuchten Kinder aber bleibt der faschistische Typus, der von Theweleit auch grundsätzlich als „soldatischer Mann" bezeichnet wird, funktional und ist keineswegs apathisch. Theweleit erklärt das durch die gewaltsame Disziplinierung des Körpers durch Prügel und militärischen Drill, die einen „Körperpanzer" erzeugt haben, der sich durch eine physische Straffheit und eine steife, aufrechte Haltung auszeichne sowie mit einer emotionalen Unterkühltheit einhergehe.

Klaus Theweleits zweibändige Ausführungen setzen sich primär mit der Freikorps-Literatur der 1920er Jahre auseinander, in der die faschistischen Männlichkeits- und Gewaltphantasien wörtlich zum Ausdruck kommen. Er analysiert Sprachstil und inhaltlich Motive von über 250 Romanen und Erinnerungsbüchern. Im Zentrum stehen das Frauenbild, das spezifische Verhältnis zum Körper und Schilderungen des Kampfes. Nach Theweleit kennt der faschistische Mann letztlich nur vier Frauentypen (die Mutter, die weiße und die rote Krankenschwester sowie die Hure), und da er „nicht zu Ende geboren" sei, ginge es ihm dabei ohnehin vor allem um das Weibliche in ihm selbst – und dessen Auslöschung. Lebendiges, Leidenschaftliches und Erotisches, das mit dem Weichen und Fluiden korrespondiert, muss daraus weichen. Frei fließende Gefühle sollen im Körperpanzer buchstäblich eingekesselt werden. Die Frauen der Feinde – die stereotype „rote Hure" – soll nicht einfach erschossen, sondern mit Stiefeln und Gewehrkolben zu blutigem Brei verflüssigt werden – eine misogyne Hassphantasie, die gerade in der populären Kultur heute wieder auftaucht – etwa in der extremen Splatterästhetik von First-Person-Spielen.

Der Faschismus fungiert als Versprechen, diese Gewaltphantasien in bestimmten Situationen straffrei ausleben zu dürfen – immer unter der Prämisse Klarheit, Zucht und Ordnung zu rekonstruieren. Dabei changiert der faschistische Mann zwischen behauptetem Beschützer des Familiären und Vernichter des unkontrollierbar Weiblichen. Theweleit selbst verweist bereits im zweiten Band[1] auf die Kontinuität dieser Eigenschaften im Mann der Gegenwart, und zumindest die folgenden Beispiele mögen die Kontinuität bestätigen.

Es wird gelegentlich kritisch gegen Theweleit eingewandt, dass er letztlich gar keine tatsächlichen Nationalsozialisten analysiert habe (auch solche, die im Dritten Reich Teil des Systems waren, wie der von ihm thematisierte Ernst Jünger, äußerten sich selbst kritisch zum Nazisystem). Es erscheint daher jedoch umso wichtiger, den Begriff des „faschistischen Mannes" im Verhältnis zum Nationalsozialisten zu differenzieren. Theweleit selbst fasst den Begriff Faschismus in seinem Buch erheblich weiter als ihn nur auf Nazis anzuwenden, vor allem, wenn er den europäischen Faschismus der Zwischenkriegszeit an dem Futuristen Filippo Tommaso Marinetti, Maurice Barrès, Robert Brasillach oder dem Schriftsteller Pierre Drieu la Rochelle thematisiert.

Gegen das Fluide

2008 verfasste der Schriftsteller Jonathan Littell eine essayistische Fußnote zu seiner epischen Exe-

1 https://www.allthetests.com/quiz13/quiz/1111196470/How-Well-Do-You-Know-Marilyn-Manson

gese zum faschistischen Mann „Die Wohlgesinnten": „Das Trockene und das Feuchte". Littell ist zweifellos von Theweleits Ausführungen fasziniert und affirmiert dessen erweiterten Faschismusbegriff, indem er ihn zitiert: „Der Faschismus (ist eine) Form der Produktion des Realen [...] keine Frage der Staatsform [...] auch nicht [...] der Wirtschaftsform, überhaupt nicht eine Frage des Systems."[1] Theweleit fügt im Nachwort hinzu: „‚Faschismus' ist [...] ein Körperzustand, eine gefährliche Materie, die mit Macht und Gewalt darauf dringt, den Zustand der Welt den Zuständen des eigenen Körpers anzugleichen, zu unterwerfen."[2]

Orientiert an der Biografie des belgisch-stämmigen Waffen-SS-Standartenführers Leon Degrelle, der pikanterweise auch mit dem Comic-Künstler Hergé bekannt war und angeblich dessen Figur des Tintin mit beeinflusst hat[3], entwickelt Littell seine Dichotomie des Trockenen und des Feuchten, des Starren und des Formlosen, des Harten und des Weichen, des Unbeweglichen und des Wimmelnden, des Steifen und des Schlaffen usw. Der faschistische Mann arbeite beständig an seinem Körper, um ihn von allem Feuchten zu reinigen, unabhängig davon, ob es die Form des russischen Schlamms oder der erotischen Feuchtigkeit annimmt: Der Feind versinke im Schlamm - man selber bleibe trocken, aufrecht und sauber.

Der Gedanke an die Verflüssigung des Körpers macht den Faschisten wahnsinnig. Während die Kadaver toter Russen als grässlich-flüssige bzw. sichverflüssigende Körper geschildert werden, um den „Feind" auch noch im Tod zu dämonisieren (Littell lie-

1 Theweleit 270–274

2 Theweleit Band 1, 226

3 Theweleit in Littell 2009, 131

fert hierzu teilweise ekelhafte Textbeispiele), bleibt der Faschist auch nach seinem Tod im Allgemeinen trocken und – das ist bei Littells erotomanischer Deutungsmaschine natürlich wichtig – hart, denn der Autor weiß, dem Faschisten geht es nicht um seinen Schwanz als Lustorgan, sondern seinen Phallus als Zentrum und Angelpunkt seines inneren wie äußeren Widerstands gegen den Feind. Ohne Phallus als Stütze lässt sich der Ich-Panzer nicht aufrechterhalten. Dann, so Littell, verflüchtigt sich der Faschist. Und so wird aus dem Faschisten eine Gewitterwolke oder ein Schnupfen.

Klaus Theweleit äußert sich im Interview dazu deutlich: „Schmutz, Schlamm, Sumpf, Schleim, Brei zur Bezeichnung des politisch anderen, des ‚Kommunismus' als ‚rote Flut', die Angst vor allem Körperauflösenden, vor der erotischen Frau, dem sogenannten ‚Flintenweib', gegen die der ‚soldatische Mann' die ‚reine weiße Krankenschwester' ins Feld führt, sowie das Aufragende der eigenen Existenz, seinen gehärteten, unauflösbaren Körperpanzer – alles findet sich entsprechend in der Sprache Degrelles. Littell ordnet diese Komplexe in Gegensatzmustern – das Harte gegen das Weiche et cetera –, wie ja auch der Titel seines Texts an Claude Levi-Strauss erinnert. In der Tat war es die Körperlichkeit des „soldatischen Manns", auf die es mir ankam in den „Männerphantasien": Versuch, die Funktionsweisen des faschistischen Terrors zu beschreiben. [...] Entscheidend: dass der muskulär-motorische Körperpanzer nicht bloß gegen das bedrohliche Außen errichtet wird, gegen das ‚Gewimmel' der Wirklichkeit, das verschlingende Weibliche oder das weltverkehrende schleimige Proletariat, sondern ebenso gegen das eigene Innen; gegen die Mischung von Blut und Exkrementen, mit der der von Fragmentierung bedrohte Körper des soldatischen Mannes sein eigenes Inneres angefüllt fürchtet. Die ‚rote Flut' kommt ebenso von innen wie von außen; sie kommt sogar stärker von innen. Auch gegen sie muss das faschistisch Heldische aufgerichtet, die unvergängliche Fahnenstange hochgehalten, der Arm bis in den Himmel gereckt werden, an dem der Führer den Versinkenden aus dem Morast erretten und in die Höhe ziehen kann. Im Einzelnen nachzulesen in Jonathan Littells Text – samt der Entwicklung der dazugehörigen Konzepte der spezifischen Ich-Struktur dieser Art Körperlichkeit, der Ich-Struktur des Nicht-zu-Ende-Geborenen."[1]

Faschismusdefinitionen

Theweleit begrüßte Littells Explikationen, da er sie „als Bestätigung meiner Vermutung lese, dass es eine universale Struktur ‚des' Körpers des ‚soldatischen Mannes' – also ‚des' politischen Faschisten – gibt; als ein Normalfall der Gewaltausübung anzutreffen zumindest in der eurasisch-amerikanischen, in der japanischen, in der islamischen Mann-Kultur."[2] Doch woher kommt diese Universalisierung eines Faschismusbegriffes, der gerade von Historikern wie Ernst Nolte stets an eine bestimmte Epoche zurückgebunden wurde?

Einerseits sind da die Ansätze des linken israelischen Historikers Zeev Sternhell, der mit seinen Arbeiten über die Entstehung des Faschismus in Europa auch in Deutschland einem breiteren Fachpublikum bekannt wurde, speziell in dem Buch *„Ni droite, ni gauche. L'idéologie fasciste en France"* (Paris 1983). Sternhell expliziert, wie faschistische Ideologien sich über den Historismus und verschiedene Geisteshaltungen, die sich gegen die Aufklärung und die Mo-

1 Seeßlen 2011

2 Theweleit: ebd. 122

derne richteten, schon im 19. Jahrhundert – speziell in Frankreich – entwickelten: „Die Attraktivität der Lösungen, die die radikale Rechte anzubieten hatte, war umso größer, da die faschistische Ideologie einfach den harten Kern und die radikalste Variante eines sehr viel weiter verbreiteten und sehr viel älteren Phänomens darstellte: eine umfassende Revision der essentiellen Werte des humanistischen, rationalistischen und optimistischen Erbes der Aufklärung. Am Ende des 19. Jahrhunderts nahm die Abwendung von der Aufklärung wahrlich katastrophische Ausmaße an und fegte über weite Teile des kulturellen Europa hinweg."[1] Bereits im Titel seines Textes unterscheidet Sternhell zwischen Faschismus und Nationalsozialismus. Er geht letztlich so weit, im Faschismus vor dem 2. Weltkrieg eine eigenständige Kraft zu sehen, die gegen die Debatte der Liberalen, den Traditionalismus der Rechten und den Utopismus der Linken gerichtet sei. Mit dem existenzialistischen Schriftsteller André Malraux könnte man den Faschismus auch als einen „aktiven Pessimismus" betrachten.

Einen etwas anderen, aber für die folgenden Beispiele noch fruchtbareren Ansatz bietet Gottfried Benn mit seiner Rede auf den Futuristen Tommaso Marinetti aus dem Jahr 1934, einer pathetischen Hymne, die Mussolinis Faschismus aus der Ästhetik des Futurismus heraus erklärt.[2] „Mitten in einem Zeitalter stumpf gewordener, feiger und überladener Instinkte verlangten und gründeten Sie eine Kunst, die dem Feuer der Schlachten und dem Angriff der Helden nicht widersprach. Ihr Manifest wirkte verblüffend, als es erschien, es wirkt heute noch verblüffend, da alle Ihre Formulierungen Geschichte

1 Sternhell 2002, 64

2 Benn 1975, 1044

wurden."[1] Und Benn zählt eine Reihe von Eigenschaften auf, die uns in den Analysen von Theweleit und Littel ebenso begegnen wie in aktuellen Filmen und Performances: „Sie fordern die ‚Liebe zur Gefahr', die ‚Gewöhnung an Energie und Verwegenheit', ‚den Mut', ‚die Unerschrockenheit', ‚die Rebellion', ‚den Angriffspunkt', ‚den Laufschritt', ‚den Todessprung', und dies nannten Sie ‚die schönen Ideen, für die man stirbt'."[2] Benn spricht von einem „kalten Stil", „funkelnd" und „rapid" und nennt Marinetti ein *„testa di ferro"*[3], ein „Haupt aus Eisen".[4] „Wie viel Härte, wie viel Kälte, kein echtes Gefühl", konstatiert Littell ver-

1 Benn 1975, 1043

2 Benn 1975, 1043–1044

3 Benn 1975, 1045

4 Mohler 2001, 132ff. bezieht daraus den Begriff „faschistischer Stil".

gleichbar über Leon Degrelle[1], ohne dies pathetisch ins Positive zu wenden, wie Benn.

Von Malraux' „aktivem Pessimismus" über Sternhells Faschismus „jenseits von Rechts und Links" bis hin zu Benn „kalt funkelndem Stil" könnte man von einem faschistischen Stil sprechen, der das Leben an sich als existenziellen Kampf begreift, einer Existenz im permanenten Krieg, der man nur mit dem „Körperpanzer" begegnen kann. Nicht erst Zack Snyders Comicverfilmung *300* (2008) über das Selbstopfer der Spartiaten bei den Thermopylen (480 v.Chr.) zeugt von einer frappierenden Aktualität und Popularität dieses sehr speziellen Menschenbildes. Und es wird kaum überraschen, dass die neurechte Identitäre Bewegung Europas diesen Film als Orientierung und das Schild der Partiaten als Symbol nutzt.

Körperpanzer im Kino der Subkulturen

In der populären Kultur und ihren medialen Ausdrucksformen hat sich der faschistische Körperpanzer indes spätestens seit den 1960er Jahren fest etabliert. Bereits mit der Popularität der italienischen *Peplum*-Filme um Maciste und Herakles wurde diese Evozierung des stählernen Körpers diskutiert. Vor allem in den 1980er Jahren kehrte er schließlich wieder: als kampfbereiter *Hardbody* im amerikanischen Genrefilm, inspiriert von Arnold Schwarzeneggers Triumph als Bodybuilder zehn Jahre zuvor. Und bereits früh ist dieser *Hardbody* direkt gekoppelt mit der medialen Inszenierung zermalmender Gewalt.

Was in Popmusikvideoclips der 1980er Jahre nur angedeutet wird, ist im Genrefilm augenscheinlich: Wieder und wieder bahnen sich Kanäle der Gewalt-

1 Littell 2009, S. 96

lust, der verselbstständigten Aggression ihren Weg ins Reich des standardisierten Friedens. Diese latenten Phänomene, Subkulturen der Gewalt, beängstigen den mittelständischen Bewohner westlicher Industrienationen, da sie ihn mit einer letzten gültigen Wahrheit konfrontieren: der offenbar sinnlosen, selbstzweckhaften Zerstörung. In einem Verlust des Authentischen, einer Plastikwelt des friedlichen Scheins, brechen aggressive Subkulturkörper das ewig letzte Tabu – die physische Gewalt gegen ihre Mitmenschen – und erschöpfen sich in leerlaufenden Spiralen der Gewalt. Sich Phänomenen wie den Straßenbanden in den urbanen Metropolen der Welt filmisch zu nähern, birgt das Risiko der spezifischen Perspektive: Kommt der Film ihnen zu nah, setzt er sich umgehend dem Vorwurf der Romantisierung und Heroisierung aus.

In einer Welt verlorener Werte und Ideale könnte gerade der subkulturelle Straßenkämpfer in seiner rebellischen Funktion des Outlaws zum letzten, wahren Individuum verklärt werden, zum Widerstandssymbol in einer positionslosen Zeit – ein Problem, dass der Kultstatus zahlreicher Spielfilme zu diesen Themen bei entsprechenden Teilen des Publikums belegt. Die weltanschauliche Ausrichtung dieser Aggression wird letztlich gleichgültig. Es kann sich um moderne Krieger der Großstadt handeln wie in Walter Hills *The Warriors / Die Warriors* (1978), um Inkarnationen des Rock'n'Roll wie in Philip Kaufmans *The Wanderers / The Wanderers* (1978) oder um wehmütige Relikte einer idealisierten Vergangenheit wie *The Outsiders / Die Outsider* (1983) aus Francis Ford Coppolas Fünfzigerjahre-Retro-Drama.

Oft gerät der urbane Rebell in seiner Funktion als moderner Primitiver zum pittoresken ‚Sidekick' wie noch in Kathryn Bigelows *Strange Days / Strange*

Days – Die Zukunft ist jetzt (1998) oder zuvor in den *Mad Max*-Filmen von George Miller. Wendet sich die Aufmerksamkeit jedoch direkt der nonkonformen Widerstandskultur zu, verringert sich die Distanz deutlich: Keine Jahrzehnte alte Ära liegt mehr dazwischen, die Häuserblocks sind nicht futuristisch verfremdet, vielmehr gleicht die Umgebung der alltäglichen Erfahrung des Zuschauers. Die Gewalt rückt in unmittelbare Nähe. Penelope Spheeris hat sich in *Suburbia / Suburbia - Rebellen der Vorstadt* (1983) einer Gruppe Punks gewidmet, die in einem mit autonomem Chaos geführten Abbruchhaus am Rande einer amerikanischen Metropole leben, in eben jenem Suburbia, der Peripherie der Großstadt, das den meisten Mittelstandsamerikanern als Wohnraum dient. Garagenverkäufe am Samstagmorgen gibt es dort ebenso wie latenten Rassismus und verlogene Toleranz. Bei dem nächtlichen Überfall wird das jüngste Mitglied der Gruppe getötet – wie einst Jack Nicholson in Dennis Hoppers *Easy Rider / Easy Rider – Die wilden jungen Männer* (1969), nachdem er sich als abtrünniger Mittelständler den Rebellen angeschlossen hat.

Die rassistische Fraktion der Skinheadkultur, auch Boneheads oder schlicht Neonaziskins genannt, ist gegenüber den oft als tragische Sozialwracks geschilderten Punks zu einem Gänsehautfaktor der westlichen Welt geworden, deren Untergrund-Existenz ebenso gefürchtet wie von den Medien mit verwirrter Faszination betrachtet wird.

Der Neonazi hat sich mit den Insignien einer politischen Ideologie ausgestattet, die den Alptraum einer aufgeklärten Demokratie beschwört: die destruktive, auf Krieg ausgerichtete, rassistisch motivierte Militärdiktatur. In seiner Verachtung gesellschaftlicher Werte geht er weiter als der rebellische Vorstadtpunk: Er tätowiert sich das Hakenkreuz konfrontativ auf die Brust oder die SS-Runen direkt auf die Seite des kahlrasierten Schädels. Die Schwärzung der Haut durch Tattoos kennzeichnet seine ideologische Selbststigmatisierung und markiert diesen selbst als Waffe.[1]

Es bleibt das Erschauern des Publikums vor einem ‚menschlichen Monstrum', dem Inbegriff des Inhumanen, es bleibt das Erschauern des Zuschauers beim Blick in Edward Nortons triumphal leuchtende Augen in Tony Kayes *American History X* (1998), nachdem er einen afroamerikanischen Einbrecher am Bordstein das Genick zermalmt hat. Es bleibt die Fassungslosigkeit, nachdem ein minderjähriger Skin nach dem Überfall auf vietnamesische Jugendliche den Mittelfinger in die Kamera hält und mit einem hysterischen „Fuck Off!" den Film *Romper Stomper / Romper Stomper – Seine Bibel war ‚Mein Kampf'* (1992) des Australiers Geoffrey Wright eröffnet. Dieser Schrei hallt nach und brennt sich ein. „Verpisst Euch!" Gerichtet an den Rest der Welt.

Ernsthafte Filme zum Phänomen rechtsextremer Skinheads sind sehr selten, was daran liegt, dass sich die rassistischen Umtriebe dieser Gruppierung nicht romantisieren lassen, wie das bezüglich anderer Subkulturen – die zugleich auch ein Zielpublikum dieser Filme sind – möglich war und ist. Ein Regisseur, der sich differenziert mit der rassistischen Subkultur auseinandersetzen will, setzt sich augenblicklich dem Kreuzfeuer der ideologischen Kritik aus, wie es die Fälle *Romper Stomper* und *American History X* belegen. Andere Herangehensweisen wen-

1 Hierzu ist der Film *Skin* (2019) von Guy Nattiv interessant, wo der Ausstieg des schwer tätowierten Protoganisten aus der Neonaziszene explizit mit einer chirurgischen Entfernung seiner ‚geschwärzten' Haut verbunden ist. Umgekehrt wird in dem gleichnamigen Kurzfilm des Regisseurs die Haut eines Neonazis komplett schwarz tätowiert, um ihm die Erfahrung eines ‚Black Lives' zu ermöglichen.

den entweder den klinisch-distanzierten Blick des Soziodramas an, wie es Alan Clarke in *Made in Britain* (1983) sehr intensiv gelang, oder sie nutzen das Milieu als Ausgangspunkt für eine ideologisch gegenläufige Fabel, wie es der russische Filmemacher Pawel Lungin in seinem Drama *Luna Park* (1992) tat, als er den aggressiven Neonazi Andrej (Oleg Borisow) entdecken lässt, dass er einen jüdischen Vater hat. Hanno Brühl widmete sich in dem deutschen Fernsehfilm *Kahlschlag* (1993) dem Skinhead-Phänomen als einer Mutation der mittelständischen Überflussgesellschaft. Der Film geht hier inszenatorisch sehr vorsichtig zu Werke und lässt den Protagonisten, einen desorientierten, nach Geborgenheit suchenden Jugendlichen, schließlich selbst zum Opfer der Aggressionen werden. Dem beklemmenden Faszinosum dieser extrem aggressiven, männerbündischen Splittergruppe jedoch nähert sich keiner dieser Filme. Erst Geoffrey Wright und Tony Kaye sollten mit so ästhetischem wie kontroversem Blick einen weiteren Schritt wagen.

Schwarz und Weiß

Wie der gekreuzigte Gottessohn steht Derek, der muskulöse Bonehead mit dem Hakenkreuz auf der Brust, die Arme seitlich ausgestreckt, auf der Straße eines amerikanischen Vororts und wartet, von der Polizei festgenommen zu werden. Von Chorgesang untermalt, zeigt die Szene in Schwarzweiß einen Märtyrer, der nichts Falsches in seiner Tat erkennt und in seiner Verhaftung ein notwendiges Opfer sieht. Dabei hat Derek drei Menschen brutal getötet, die sein Auto stehlen wollten.

American History X beginnt dort, wo *Romper Stomper* endet: am Meer, dem letzten und ewigen Mysterium des Lebens, der heimlichen Sehnsucht,

dem bildgewordenen Fruchtwassertraum des „nicht zuende geborenen Mannes" (Klaus Theweleit). Wo es bei Wright der bleigraue, regenschwere Himmel ist, der auf dem Horizont lastet, wird die Welt bei Tony Kaye gleich zu Beginn von fahlem Schwarzweiß überlagert. Doch dieses Schwarzweiß steht hier wie so oft zuvor für die Vergangenheit. Die Gegenwart markiert hier bereits bildlich ein Umschlagen von harten Kontrasten in differenzierte Nuancen der Farbigkeit, die den Kontrast zwischen schwarzer und weißer Haut umso deutlicher betont.

Danny Vinyard (Edward Furlong) ist ein junger Skinhead, etwas orientierungslos pendelnd zwischen dem radikalen Rassismus der White-Power-Bewegung und seiner Skater-Jugend. Diesen Konflikt zeigt bereits sein genrebrechendes Äußeres: Zu den obligatorischen stahlgefütterten Stiefeln und seiner Glatze trägt er luftig-weite, geradzu betont lässige Jeans und T-Shirts – dem betont konservativen Stil der Skinheadbewegung widerläufige Attribute. Danny bewundert seinen Bruder Derek (Edward Norton). Derek – energetischer Führertyp mit Swastika-Tattoo über dem Herzen – verbringt eine mehrjährige Haftstrafe wegen brutalen Totschlags, wird aber am Tag der filmischen Gegenwart entlassen. Der White-Power-Klan um den populistischen Aufrührer Cameron Alexander (Stacey Keach) wartet ebenso wie der junge Danny und Dereks Ex-Freundin Stacey (Fairuza Balk) sehnsüchtig auf die Rückkehr ihres „Helden".

Danny ist wie Jahre zuvor auch sein Bruder ein begabter Schüler, der seinen Lehrern, allen voran dem afroamerikanischen Geschichtslehrer Bob Sweeney (Avery Brooks), große Sorgen bereitet. Als Buchkommentar zu einem Klassiker der Weltliteratur hatte Danny einen verherrlichenden Aufsatz über *Mein Kampf* abgeliefert. Sweeney unternimmt angesichts von Dereks anstehender Entlassung einen letzten Versuch, den verlorenen Jungen Danny wenigstens zum Nachdenken zu bringen: Er soll einen ehrlichen Aufsatz über seinen Bruder schreiben mit dem Titel „American History X". „X" ist hier eine frei belegbare Variable – auf den schwarzen Unabhängigkeitshelden Malcolm X verweisend, aber auch signalisierend, dass Derek Vinyard als gefeierter wie gefürchteter rassistischer Gewalttäter eine prägnante Variable der amerikanischen Geschichte verkörpert: „X" ist Massenmord und Sklaverei, Rassismus und weiße Ignoranz. Danny hat nur eine Nacht lang Zeit, die Ereignisse der vergangenen Jahre zu reflektieren, und Tony Kayes Film folgt den Gedanken mit einer assoziativ gleitenden, fragmentierenden Montage, durchaus inkonsequent in seinem Driften zwischen Dannys und Dereks subjektivem Erleben.

Wie ein Puzzle fügen sich Erinnerungen zu einem motivierten Gesamtbild zusammen, das zumindest im filmischen Kontext das Verhalten der beiden Protagonisten nachvollziehbar machen soll: Der seinerseits fremdenfeindliche Feuerwehrmann Vinyard, der gerade auf Derek großen Einfluss hatte und als

ideologischer Gegenpol zu dem Lehrer Sweeney auftritt, wurde einst bei Löscharbeiten von schwarzen Drogengangstern erschossen. Dieses Ereignis besiegelte Dereks Weg in die White-Power-Bewegung. Neben latenten Auseinandersetzungen zwischen den Skins und der lokalen schwarzen Streetgang kommt es angestachelt von dem Neonazi-Führer Alexander und der toughen Stacey zu einem kriegsähnlichen Basketballspiel, das mit Dereks Sieg den Sportplatz in die Hände der Skins bringt. Speziell in diesem Schwarzweißrückblick zeigt sich Kayes Vergangenheit als Werbefilmregisseur u.a. für Nike-Werbespots: Seine Ästhetisierung schwitzender, gestählter Körper erreicht hier nahezu Riefenstahl-Dimensionen, der sportliche Kampf erinnert unverhohlen an ihre Darstellung der Olympioniken 1936. Dieser bewundernde Blick ist nur durch Dannys verklärte Subjektive zu begründen, fordert aber in jedem Fall nach einem differenzierenden Rezipienten. Wo sich in *Romper Stomper* die Skins tollwütigen Raubtieren gleich gegenseitig auffressen, bleibt Kayes Derek Vinyard der charismatische Bilderbuchnazi, als den ihn seine Gefolgsleute sehen. Auch diese Sequenz kontrastiert vor allem die Hautfarben der meist durchtrainierten Spieler.

Zweimal kehrt *American History X* zu jener schicksalhaften Nacht nach dem Basketballspiel zurück, die Dereks Situation mit einem Mal ändern sollte: Von Danny alarmiert, erschießt Derek zwei der bereits bekannten Streetgangmitglieder und zertrümmert den Kopf des dritten am Bordstein. Sehr bald kommt auch die Polizei und nimmt Derek fest, der mit nacktem Oberkörper und entrücktem Blick auf der Straße kniet. Der junge Danny beobachtet das infernalisch brutale Geschehen mit einer unsicheren Mischung aus Abscheu und Faszination, ebenso wie später die politische Agitation seines Bruders, der zur Führerfigur aufgebaut wird. In diesen Szenen scheint Dereks weiße Haut fast zu leuchten, während das mattschwarze Hakenkreuz auf seiner Brust als Mal des Hasses zum Signum seines eigenen Abgrundes wird, dessen Euphorie sich in den diabolisch leuchtenden Augen zeigt.

Dabei kulminiert in Derek lediglich jene Gefahr, die von seiner ganzen Gang ausgeht, wenn sie aggressiv aufgeheizt wird: Absorbiert in der aggressiven Masse und damit scheinbar frei von individueller Schuld tritt die Skinheadgang dem absoluten Feind entgegen und erfährt für Momente eine oberflächliche Ekstase in der Zerstörungsorgie. Der Journalist Bill Buford schildert solche Momente in seinem autobiografischen Bericht über das Leben englischer Hooligans,[1] Geoffrey Wright und Tony Kaye beschwören diese beängstigenden wie eruptiven Momente, dieses Lebensgefühl des faschistischen Mannes, in ihren Filmen.

Wo *Romper Stomper* ein durchweg destruktives Menschen- und Weltbild verbreitet, schafft *American*

1 Buford 1992

History X deutliche moralische Polaritäten. Beide Filme sind als ein mutiger, bisweilen waghalsiger Versuch aufzufassen, einem erschütternden Phänomen Bild zu verleihen, es damit in die Nähe des Begreifbaren zu transportieren. Den Filmen vorzuwerfen, sie machten die ‚Unmenschlichkeit' letztlich zum ‚menschlichen Phänomen', hieße vor der Realität zu kapitulieren.

Der faschistische männliche Körperpanzer lässt sich beschreiben als viril und effizient, schnell und doch aufrecht, aber vor allem: muskulös und raumgreifend – ein Männerkörper als Waffe. Er entspricht Klaus Theweleits These vom faschistischen Körper als Körperpanzer, der gegen das weiblich konnotierte Weiche und Fluide gerichtet wird. Dieser Körperpanzer ist faschistisch in einem panideologischen Sinne und entspricht dem körperlichen Ausdruck eines „kalten, rapiden Stils", wie Gottfried Benn den „faschistischen Stil" (1934) definierte. Analog zum „faschistischen Stil" kann der Körperpanzer in der populären Kultur sowohl affirmativ auftauchen (etwa in den Neonaziinszenierungen in *American History X* oder *Romper Stomper*), als heroischer Typus erscheinen (wie etwa Russell Crowe in *Gladiator*, 2000) oder aber selbst diskursiviert werden. In Werbeclips taucht der Körperpanzer rein affirmativ als Form auf, die nur noch diffuse Restbestände einer körperfixierten materialistischen Ideologie trägt. In der Videoclipkultur nutzen vor allem männliche Musiker den Körperpanzer im Sinne einer affirmativ-machistischen Virilität (z.B. Rammstein). Bei der Gestaltung des Männerkörpers zum Körperpanzer ist nicht nur oder vor allem die physische Voraussetzung des Körpers wesentlich, mittels segmentierenden und korsettierenden Accessoires kann auch ein durchschnittlicher Körper gestylt – also im Sinne des faschistischen Stils geformt werden – „kalt, rapid und funkelnd". In der gegenwärtigen populären Kultur erscheint der faschistische Männerkörper zugleich unzeitgemäß wie auch als ewige Konstante: unzeitgemäß behauptet er sich als heteronormatives Gegenmodell zu einer allmählichen Hybridisierung von Gendermodellen und Körperbildern (etwa in der urbanen Metrosexualität); konstant repräsentiert er ein für altmodisch erklärtes und doch omnipräsentes Männlichkeitsideal, das den Mann körperlich als virilen Kriegermann behauptet, dessen aufrechte, feste Erscheinung hybriden Bedrohungen entgegentritt (etwa genderspezifisch uneindeutigen Aliens) und nur in Ausnahmefällen in die Schlammsphäre absteigen wird (wie Arnold Schwarzenegger in *Predator*, 1987), um sich zu tarnen. Fluididität, Weichheit und letztlich Schlamm haben in der Welt des Körperpanzers nur eine Konsequenz: den gewaltsamen Tod des Gegenübers. Der Körperpanzer behauptet seine Härte vor allem, indem er sein fluides Gegenüber zermalmt und endgültig in Schlamm verwandelt. Hierbei transzendiert der Körperpanzer selbst die Farbe der Haut, kann als weißer Bonehead ebenso auftreten wie als Gangsta-Rapper (wie Massiv oder Kollegah). Der Körperpanzer mag sich von seinem ideologischen Schwarzhemd befreit haben, doch er bleibt ein genuiner Ausdruck des todbringenden Abgrundes, auch in der Popkultur.

Schwarze Flagge der Hyperrealität Das kosmopolitische Performanz-Konzept der Neuen Slowenischen Kunst

> The NSK State is a global State which denies the principles of (limited) territory and national borders.
>
> K. Gates, NSK Honorary Consul to the US, 1995

Der Staat

Der NSK-Staat ist ein Staat in der Zeit, gekennzeichnet von einem schwarzen Banner. Ein Staat ohne Territorium. Im Jahre 1992 gründete das Künstlerkollektiv Neue Slowenische Kunst einen eigenen Staat. Sie gaben Reisepässe aus, die offiziellen Dokumenten täuschend ähneln, gründeten weltweit Botschaften und Konsulate in mehreren Städten. Man entwarf Briefmarken und erklärte das Laibach-Stück „The Great Seal" zur Nationalhymne des NSK-Staates. Der eingesprochene Text basiert auf Winston Churchills berühmter Durchhalterede „We shall fight them on the Beaches" und endet in der Forderung „We shall never surrender".

Jeder Mensch weltweit kann Mitbürgerschaft im NSK-Staat beantragen. Für ca. 25 USD und ein Passbild kann man das Dokument bei einer der internationalen Botschaften oder im Internet beantragen. Die primäre Quelle ist heute das ‚World Trade Center' der NSK im Internet. Die enorme Ähnlichkeit des NSK-Passes mit offiziellen Reisedokumenten führte immer wieder zu Problemen bei Polizeikontrollen (etwa in Bayern), wo dem NSK-Bürger Nutzung gefälschter-Dokumente vorgeworfen wurde. Zudem führte das Missverständnis, den NSK-Staat gäbe es tatsächlich und man könne mit dem Pass nach Europa reisen, zu dem fatalen Umstand, dass zahlreiche Bewohner aus

Nigeria und Ägypten die Mitgliedschaft beantragten in der Hoffnung, nach Europa emigrieren zu können.[1]

Im Oktober 2010 fand schließlich der erste NSK-Citizen-Congress in Berlin statt, der zu einer Neukonstitution dieses europäisch initiierten und weltweit präsenten Kunstprojekts führte. In dieser Neukonstitution gaben die ursprünglichen Gründer, u.a. Mitglieder der international erfolgreichen Musikgruppe Laibach, die nominelle Leitung des NSK-Staates endgültig an ein neues Team ab, zu dem u.a. der NSK-Theoretiker Alexei Monroe gehört.[2]

Die Anfänge: NSK in Ljubljana

Das Künstlerkollektiv Neue Slowenische Kunst, kurz NSK, entstammt der slowenischen Punkszene der späten 1970er Jahre.[3] In autonomen Gemeinschaften lebte man zusammen, diskutierte neue Strategien des kulturellen Widerstands gegen den herrschenden Totalitarismus unter Tito und bezog sich mitunter auf die Zeit der deutschen Besatzung während des Zweiten Weltkrieges, unter der die slowenische Bevölkerung zu leiden hatte. So ist nicht nur der Name des Kollektivs deutsch, sondern auch die primäre Aktionsgruppe in der Anfangszeit: die Industrial-Rockband Laibach wurde nach dem deutschen Namen von Ljubljana unter der Nazi-Okkupation benannt. Neben den vier Gründungsmitgliedern der Band bewegte sich auch der heute weltbekannte Kulturphilosoph Slavoj Zizek in diesem Umfeld. In späteren Schriften bezog er sich immer wieder auf Laibach und die NSK, kommentierte deren Kunst und nutzte ihre Aktionen als Ausgangspunkt eigener The-

1 Inke Arns in Monroe (Hrsg.) 2011, 104–112

2 Monroe (Hrsg.) 2011, 10ff.

3 Barber-Kersovan 2005

sen.[1] Ivan Novak, Gründungsmitglied von Laibach, betonte in einem persönlichen Gespräch (26.12.2010, Würzburg): „It is not clear wether Zizek influenced Laibach or Laibach influenced Zizek."

Nachdem die Band einige subversive Plakat- und Konzertaktionen absolviert hatte, die sie zu staatlich geahndeten ‚public enemies' machte, gründeten sie die NSK 1984 in der Stadt Trbovlje – noch zur Zeit der Sozialistischen Föderativen Republik Jugoslawien. Um die eigene Position zu stärken, die man als Retroavantgarde (oder später ‚Retrogarde') bezeichnete, schlossen sich Laibach, das Malerkollektiv IRWIN, die Theatergruppe Scipion Nasice (heute: Noordung), die Grafiker des Neuen Kollektivismus Studios und die sogenannte Abteilung für reine und angewandte Philosophie zu einem Netzwerk zusammen. „Each of the groups works according to its internal logic, its rules and principles of work, whereas they are connected by a certain contextual and formal aspect, and this aspect is what forms NSK." So steht es im First NSK Bulletin.[2]

Grundprinzip der NSK-Künstler ist der Kollektivismus. Dabei erscheinen auf Musikalben stets die Band Laibach, nicht aber die einzelnen Musiker als Urheber. Die Bildende Kunst von IRWIN wird mit einem Kollektiv-Stempel signiert. In einer radikalen Demonstration dieser Idee ließ man Laibach in zwei unterschiedlichen Besetzungen parallel touren. Die Herrschaft des ‚Originals' wird in der NSK als beendet betrachtet. Früh spielten Zitat, Pastiche und Neuinterpretation die wesentliche Rolle, wobei man sich an der Kunst von Kasimir Malewitsch, Marcel Duchamp, John Heartfield, Joseph Beuys, Andy Warhol, Nam Jun Paik und Anselm Kiefer orientierte.

1 Zizek in Monroe 2005, XI-XV

2 First NSK Bulletin, Ljubljana 1994, 1

Inspiriert durch den selbst erlebten Totalitarismus des realen Sozialismus begann die NSK, sich intensiv mit nationalistischen Diktaturen und deren Ästhetik auseinander zu setzen. Dabei wurden die Bildwelten linker und rechter Bewegungen neu kombiniert, die Symbole ausgetauscht und die latenten Ähnlichkeiten und Bezüge linker und rechter Diktaturen betont. Das vermeintlich konträre erscheint als gleich: 1987 entwarf IRWIN ein Plakat zum „Jugoslawischen Tag der Jugend", das einen nationalen Wettbewerb gewann. Bei der Preisverleihung präsentierte man das Original, auf dem das Plakat basierte: ein Gemälde des Nazikünstlers Richard Klein. Die Hakenkreuzflagge hatte man durch die jugoslawische Fahne ersetzt, aus dem Reichsadler wurde eine Friedenstaube.

Die ‚Rockband': Laibach

Der bis heute weltweit einflussreichste kreative Arm der NSK ist die Band Laibach, die seit Mitte der

1980er Jahre bei dem britischen Label Mute unter Vertrag ist, das u.a. Depeche Mode, Nick Cave, Moby und Diamanda Galas vertritt. Dabei ist anzumerken, dass sowohl Laibach als auch Daniel Millers Mute-Label um 1980 im Kontext der experimentellen Industrial Culture begannen und sich erst langsam in Richtung des Musikmainstreams bewegten. Laibach verstand sich als Multi-Media-Kollektiv, das Konzerte, Ausstellungen und Installationen in Ljubljana, der damaligen Hauptstadt Sloweniens, veranstaltete. Erst mit dem Zusammenschluss zur NSK verlegte man die Aktivitäten ganz auf die Musik. Dabei ist diese musikalische Arbeit kollektiv und performativ geblieben: Wie alle NSK-Formationen agiert Laibach kollektiv und totalitär: „Laibach works as a team (the collective spirit), according to the principle of industrial production and totalitarianism, which means that the individual does not speak: the organisation does. Our work is industrial, our language political."[1] Lange galten die Mitglieder von Laibach als anonym. Aus Interviews sind heute die tatsächlichen Namen bekannt: Ivan Novak, Dejan Knez, Milan Fras, der charismatische Sänger, und Ervin Markosek. Auf den ersten Aktionen war Tomaz Hostnik als fünftes Mitglied und Agitator präsent, er nahm sich jedoch nach einer Show in Zagreb 1982 das Leben.

Von Beginn an wurden die Live-Aktionen von Laibach als ‚faschistisch' gewertet, obwohl sie sich durchweg einer Mischung sozialistischer, nationalsozialistischer und kapitalistischer Elemente bedienten. Ein frühes Stück namens „Drzava" (the State) kann als programmatisch betrachtet werden: „The State is responsible for / protecting / raising and exploiting the forests. / The State is responsible for / the people's physical education particularly youths' / in

1 Item 1, Ten Items of the Covenant, Laibach, 1983

order to raise standards of national health / national working / and defence capability. / It is behaving ever more indulgently / all freedom is allowed. / Authority / here belongs to / the people."[1]

Ein solches slowenisch vorgetragenes Lied reflektierte die slowenische Erfahrung mit nationalsozialistischer und kommunistischer Diktatur, wurde aber außerhalb Osteuropas eher mit Unverständnis und Befremden wahrgenommen. Mit ihren Veröffentlichungen auf westlichen Labels änderten die Musiker von Laibach ihre Strategie und widmeten sich eher grundsätzlich dem totalitaristischen Potential von Popkultur. Sie arrangierten Coverversionen berühmter Pophits wie Queens „One Vision", Opus' „Life is Life", Rolling Stones' „Sympathy fort he Devil" oder Europes „The Final Countdown" in einem spezifischen Stil: mit Wagnerianischem Bombast, martialischem Pathos, roh gegrollten Vocals und mitunter in deutscher Übersetzung. „Life is Life" wurde in dieser Präsentation zu einer seminationalistischen Motivationshymne: „When we all give the power / we all give the best / every minute of the hour / we don't think about the rest. / and we all give the power/ we all give the best / when everyone gives everything / then everyone everything will get / Life is life!"[2] Im Innencover dieses ebenfalls „Opus Dei" betitelten Albums fand sich auch ein weiteres Ambivalenz-Symbol, John Heartfields aus vier Äxten konstruiertes Hakenkreuz, das explizit einem Anti-Nazi-Kontext entstammt. Dieses Axtkreuz ist auch Teil des offiziellen NSK-Logos und -Banners. Derartige Ambivalenzmechanismen wurden der kreative Motor von Laibach-Kunst bis heute.

1 Laibach, „Drzava" (1983), Cherry Red Records 1988

2 Laibach, „Opus Dei", LP Mute 1987

2003 ließen sich Laibach in schwarzen und grauen SS-Uniformen fotografieren – als Werbekampagne für ihr Album „W.A.T.". Laibach erregten durch die Verwendung dieser tabubelasteten Ikonografie erneut Aufmerksamkeit und zielten auf eine ambivalente politische Auseinandersetzung ab. Man könnte ihre Methode durchaus dekonstruktivistisch begreifen: Indem sie die Symbole und Fetische aus ihren ursprünglichen Kontexten reißen und selbst neu codieren, ermöglichen sie einen freien und neuen Blick auf diese Phänomene. Diese performative Kulturtechnik ist also aufklärerisch zu verstehen und verdeutlicht einmal

mehr das Konzept der „Retrogarde", einer Arbeitsmethode, die „mittels eines ‚emphatischen Eklektizismus' auf die Texte (Zeichen, Bilder, Symbole und Formen der Rhetorik) zurückgreift, die retrospektiv zu Erkennungszeichen bestimmter künstlerischer, politischer, religiöser oder technologischer ‚Erlösungsutopien' des 20. Jahrhunderts geworden sind."[1] In der Neukombination bekannter Zeichen sollen die dahinterliegenden Ebenen bewusst gemacht werden. Nur in der „Über-Identifizierung mit der ‚verdeckten Kehrseite' einer Ideologie kann – mit Slavoj Zizek gedacht – Kritik möglich werden, denn ideologische Diskurse denken in ihrem Zynismus heute mögliche Kritik stets mit. „Die Ideologie ‚glaubt' ihren eigenen Aussagen nicht mehr, sie hat eine zynische Distanz zu den eigenen moralischen Prämissen eingenommen."[2] Daher ist

1 Arns 2002, S. 164

2 Arns 2002, S. 166

Ironie als Kritik wirkungslos. Erst in der Über-Identifizierung offenbaren sich die Abgründe der Ideologie, denn nun ist die Distanzierung unmöglich. Laibach nimmt sich impliziter ideologischer Prämissen an und bringt diese in der Performanz zum Vorschein. Erst durch diese Provokation wird das Publikum immer neu zu einer Positionierung und einer Hinterfragung der eigenen Position aufgefordert. Interessant bleibt an diesem Aspekt, dass dem tabubrechenden Medium explizit seduktive Qualitäten zugestanden werden: der Tabubruch, die Grenzüberschreitung selbst ist verführerisch. Und das Bewusstwerden dieser Verführungskraft, das den Rezipienten in eine Krise stürzen soll, gehört zur Strategie der NSK-Projekte.

Das Malerkollektiv: IRWIN

IRWIN nimmt seinen Ursprung in der Graffiti-Szene von Ljubljana im Jahre 1983. Die Künstler Dušan Mandič, Miran Mohar, Andrej Savski, Roman Uranjek und Borut Vogelnik schlossen sich zusammen und bildeten das Kollektiv Rrose Irwin Sélavy. Dieser Name ist abgeleitet von dem weiblichen Pseudonym „Rrose Sélavy" („eros c'est la vie"), das Marcel Duchamp gelegentlich benutzt hatte. In der späteren Variante taucht der Namen gekürzte als R IRWIN S auf. 1984 ging das Kollektiv dann in der übergeordneten NSK auf.

Die Kunst von IRWIN basiert auf drei Prinzipien:

1. Ein Künstler sollte seine eigene Position aus den spezifischen Umständen schaffen, in denen er arbeitet. Nur so könne aus dem Spezifischen etwas Allgemeines erwachsen. 2. Die Künstler arbeiten als Kollektiv, in der Gruppe, und verlagern so die Aufmerksamkeit weg von der individuellen Persönlichkeit des Künstlers. 3. Die Künstler arbeiten nach dem Retro-Prinzip („Retrogarde"): Durch den Blick zurück

(„retro") wird etwas zukunftsweisendes („avant-garde") möglich. 1987 postulierte IRWIN: „Die Zukunft ist die Saat der Vergangenheit."[1]

Für die Collage-Arbeiten verwenden IRWIN eine Menge unterschiedlicher Medien: Öl, Lehm, Holz, Buchseiten, Fotografien, Lego-Steine, belichtete Leinwände, Stoff, Knochen und Metall. Oft werden die Arbeiten in einem kollaborativen Kontext präsentiert, etwa als Teil einer Bühnenausstattung oder in Videorückprojektionen von Konzerten. Zugleich können Bühnenoutfits in späteren Ausstellungen zu Objekten werden. IRWIN haben europaweit und in den USA ausgestellt, u.a. auch auf der Bienniale in Venedig. 2004 erhielten sie den Jakopič Award, die höchste Auszeichnung für Bildende Kunst in Slowenien.

Der NSK Staat: Staat in der Zeit

Das größte Projekt der NSK bis heute ist der *State in Time*. Dieses potenziell global angelegte Projekt behandelt das Wesen und die geographischen Effekte totalitärer Regimes. Das Schlüsselelement hierfür ist die Staatsbürgerschaft und der NSK-Pass. Ausgabebüros der NSK-Pässe befanden sich zunächst in Gent, Umag, Berlin, Amsterdam, Seoul und Hamburg und waren analog zu größeren Kunstausstellungen eingerichtet worden. Während des Kosovokonfliktes tauchten diese Pässe auch als Notdokumente im belagerten Sarajewo auf, wo sich einige Flüchtlinge damit ausgewiesen haben sollen.[2]

„Der NSK-Staat ist 1992 von den ursprünglichen NSK-Gruppen ins Leben gerufen worden", berichtet der Subkulturforscher Alexander Nym anlässlich der NSK-Ausstellung in Leipzig. „Sie haben in den Acht-

1 New Collectivism 1991, o.S.

2 Monroe 2005, 246ff.

AMA
NESCIRI
NSK

ziger Jahren unter anderem eine slowenische National-Utopie affirmativ inszeniert. So ambivalent wie sie das gemacht haben, hatten sie einen positiven Bezug zu ihrem Heimatland, ohne die jahrhundertelangen Germanisierungsversuche durch die K&K-Monarchie zu verdrängen. Als Slowenien dann tatsächlich unabhängig wurde, haben sie sich in der Neuen slowenischen Kunst nicht mehr als Staatskünstler verstanden und mussten die Utopie ein Stück weiter treiben. Und haben beschlossen, ihre Organisation eben in diesen Staat NSK zu überführen. Jener Staat verfügt über keine Territorien, sondern manifestiert sich überall da, wo seine Bürger kreativ tätig werden, so wie jetzt in dieser Ausstellung."[1]

Es muss also festgehalten werden, dass es drei grundlegende Inkarnationen der NSK gab: Um 1984 formierte sich das slowenische Künstlerkollektiv und gab sich eine staatsartige Verfassung und Struktur: Parallel zum Zusammenbruch der sozialistischen Systeme Osteuropas wurde der NSK-Staat 1994 gegründet und erklärte sich zum ‚Staat in der Zeit', zum ‚Staat ohne Territorium', dessen Bürger jeder interessierte Bewerber weltweit werden könne; auch hier wurde eine staatsartige Struktur erstellt, die jedoch acephal (ohne nominelle oder gewählte Führung) funktioniert; Beim NSK Citizen Congress am 21.–23. Oktober 2010 im Haus der Kulturen der Welt in Berlin übergab die ursprüngliche NSK-Gründungsformation den NSK-Staat endgültig den NSK-Bürgern und koppelte sich damit formell von jeglicher Vordenkerfunktion los. Diese global angelegte 3. NSK-Variante ist der endgültige NSK-Staat, eines der größten kollektiv angelegten Kunstprojekte weltweit.

1 Nym in: 6.6.2011, Leipziger Internet Zeitung (http://www.l-iz.de/Kultur/Ausstellungen/2011/06/Ausstellungs-eroeffnung-Leipziger-Dependance-NSK.html)

Im Gegensatz zu einem Konzept wie der „temporären autonomen Zone" des Schriftstellers Hakim Bey, die sich performativ im Moment ereignet,[1] hat das Kunstprojekt NSK-Staat – eine „soziale Skulptur" (Joseph Beuys) – eine politische Struktur und durch die Staatsbürgerschaft einen kontinuierlichen und wachsenden Charakter. Der performative Charakter des NSK Staates ist daher von latenter Natur und kann an einem bestimmten Ort zu einer bestimmten Zeit kulminieren.

Beim Besuch einer NSK-Veranstaltung kann sich der NSK-Bürger ein Visum in den Pass stempeln lassen. Diese Inkarnation des NSK-Staates hat sich längst verselbstständigt, da jeder NSK-Bürger potenziell berechtigt ist, im Sinne und Geiste der NSK (das ist die „Staatsbürgerpflicht", die im Pass vermerkt ist) ein entsprechendes Kunstprojekt zu veranstalten. Das konstituierte Selbstverständnis ist weiterhin kollektivistisch: „A member of NSK is particularly obliged to act in accordance with the moral, political, aesthetic and ethical norms stipulated by the NSK Internal Book of Laws. (...) Once a novice has given his pledge of allegiance, he is required to adopt the principle of conscious renunciation regarding his personal tastes, judgement and beliefs; he is required to renounce his personal practice of the past and devote himself to work in the body whose integral element he has become by joining the Organisation."[2]

„Der Staat ist von den Bürgern ‚übernommen' worden," stellt Nym fest. „Das wurde auch formalisiert bei diesem Bürgerkongress. Damit ist es fast schon demokratischer als eine Demokratie, weil hier alle mitmachen können. Das ist aber auch ein Kritikpunkt, weil Totalitarismus und totalitäre Ästhetik immer ein

1 Bey 2003

2 NSK Item 11, Constitution of Membership, 1985 (Dokument)

Operationsprinzip der Neuen Slowenischen Kunst war und ist. Es hat auch innerhalb des Staates von einigen Bürgern Kritik daran gegeben, dass der Staat zu soft, zu demokratisch, zu friedliebend und nicht provokativ, aggressiv und bedrohlich genug nach außen tritt. Letztendlich handelt es sich hierbei um ein utopisches Konstrukt."[1] Eine wesentliche Ausweitung erfuhr der NSK-Staat über das Internet. So entstand 1996 in Tokio eine virtuelle Botschaft, die mit dem Ludjmila (Ljubljana Digital Media Lab) vernetzt wurde und von da an auch den Cyberspace okkupierte.

Der heute präsente NSK-Staat ist also nicht nur ein paneuropäisches, sondern letztlich globales Kunstprojekt, das sich selbst trägt, vernetzt und performativ immer neu generiert. In der Kunst wird manifest, wovon Politik und soziale Realität nur träumen können – unter dem schwarzen Banner der Hyperrealität.

1 Nym / Thalheim 2011

Schwarze Flaggen im Namen Allahs
Populäre Ästhetik
islamistischer Propagandamedien

Whom the Gods
want to curse
they make mad
Putting angels
in the heads
of the bad
and demons
in the hearts
of the sad
Richard Levy, *The Rift*

Kindersoldaten

Dezember 2015, Syrien: ein etwa elfjähriger Junge läuft mit einer automatischen Pistole im Anschlag zu bedrohlich grollenden Klängen durch eine antike Ruinenstadt. In hochauflösenden Breitwandbildern entfaltet sich das Geschehen. Gehetzt späht der Junge in Eingänge und Fenster, bis er in der Dunkelheit fündig wird: Gefesselt sitzt ein junger Mann auf dem Boden. Herzschläge erklingen auf der Tonspur. In einem kleinen Insert sehen wir den Mann vor einer weißen Wand sprechen, eine Botschaft in arabischer Sprache. Dann legt der Junge an und drückt ab. Der Mann fällt zur Seite weg und liegt mit blutender Kopfwunde auf dem Boden. Der Junge schießt ein zweites Mal. Stoßweise atmet das Opfer, die Augen flirren. Selbst als die dritte Kugel den Schädel endgültig aufsprengt, ist dieses Flirren nicht verschwunden. Blut rinnt aus den Tränenkanälen. Mit diesem am 7. Dezember 2015 im Internet verbreiteten Propagandafilm über die Ausbildung kindlicher Rekruten durch den „Islamischen Staat" erreicht die Inszenierung von realen Hinrichtungen in Hochglanzoptik eine endgültige Stufe der Drastik – und zu diesem Zeitpunkt ist der Film erst zur Hälfte absolviert.

Bereits Anfang Februar 2015 veröffentlichte die Terrormiliz des „Islamischen Staates" im Internet ein Video, das die Lebendverbrennung des gefangenen jordanischen Kampfpiloten Maas al-Kassasbeh zeigt. Wie die anderen IS-Opfer zuvor, trägt auch er eine symbolträchtige Kleidung: den ikonischen orangenen Overall, wie er von den Gefangenen der Gefängnisse von Abu Ghraib und Guantánamo Bay bekannt ist. Zunächst läuft er wie betäubt durch das Militärlager, in dem schwarz-maskierte IS-Kämpfer Aufstellung genommen haben. Man sieht in einer Montage Opfer von Bombardierungen aus Syrien, die offenbar als Rechtfertigung für die folgende Hinrichtung dienen sollen.

Dann wird ein schmaler Stahlkäfig herantransportiert. Auf der Tonspur wird in unermüdlicher Folge ein melodiöser, sakraler Gesang skandiert. In der finalen Sequenz des Videos befindet sich der Gefangene in diesem Käfig ohne Tür. Wir sehen, dass er mit Benzin oder anderem Brandbeschleuniger getränkt ist, die als Spur vom Käfig wegführt. Spätestens an dieser Stelle wird die Inszenierung für einen reflektierten Betrachter zusätzlich irritierend, denn nun bemüht sich die Inszenierung um eine Spannungsinszenierung gemäß den Konventionen des narrativen Spielfilms: Ein maskierter Mann mit einer brennenden Fackel nähert sich – der Henker. Auf der Tonspur hören wir Herzschläge. Die Musik ist verstummt. In Zeitlupe nähert sich der Henker der Benzinspur vor dem Käfig und setzt diese in Brand. In quälender Langsamkeit breiten sich die Flammen über den Boden aus und entfachen schließlich den Körper des Gefangenen im Käfig, dem Fassungslosigkeit ins Gesicht geschrieben ist. Sehr schnell hüllt ein Feuerball den zuckenden Mann ein, wozu wir wieder den bekannten Gesang hören. Während der Minuten, in denen der Körper verbrennt, das Fleisch förmlich schmilzt und verkohlt, werden arabische Schrifttafeln eingeblendet. Nach der Verbrennung wird der Käfig von einem Bauvehikel überrollt.

Was an diesem Video so schockiert, ist nicht nur die minutiöse Drastik, mit der ein qualvolles Sterben betrachtet wird, sondern die schamlos ausgestellte Inszenierung dieses Geschehens, das sich eines realen Todes bedient, um ein Höchstmaß an Spannung und Aufregung im Publikum zu evozieren – und damit zugleich eine deutlich formulierte Botschaft zu propagieren. Das Verbrennungsvideo des IS ist Propagandafilm, Musikvideo, Werbeclip und *Snuff*-Film in einem. Wie eine zynische Gegennarrative zum konventionellen Hollywoodkino benutzt es dessen seduktive Mechanismen (Verlangsamung, Melodramatisierung, Retardierung, Exzess, Spektakel), um sein ideologisch geneigtes Publikum zu vereinnahmen und das feindliche Publikum in ein Höchstmaß an Schrecken zu versetzen.[1] Hierbei ist sowohl die Identifikation mit den Tätern als auch dem Opfer möglich und gewünscht – eine Mehrfachcodierung, die im fiktionalen Kino ein Ambivalenzerlebnis garantiert, hier aber als kalter Zynismus entlarvbar wird.[2]

1 Siehe hierzu: Andreas Armborst: Jihadi Violence: A study of al-Qaeda's media. (Schriftenreihe des Max-Planck-Instituts für ausländisches und internationales Strafrecht – Kriminologische Forschungsberichte). Berlin: Duncker & Humbolt 2013; Sebastian Baden: Das Bild als Terrorwaffe? https://chrismon.evangelisch.de/artikel/2014/das-bild-als-terror-waffe-30618 (Stand: 3.6.2015)

2 Zu den Mechanismen des Terrorkinos siehe: Stiglegger 2010

Snuff-Filme in Hollywoodästhetik

Der Appell an filmische Mechanismen des Hollywoodkinos war bereits aus dem Exekutionsvideo mit dem Journalisten James Foley bekannt, der ebenfalls im orangefarbenen Anzug in einem windstillen Wüstenabschnitt kniend an die amerikanische Regierung appellieren muss. Er hält diese Pose konsequent ein, während hinter ihm der schwarz vermummte IS-Kämpfer „Jihadi John"[1] steht, der danach die Rede übernimmt und den folgenden Exekutionsakt begründet. Sein Londoner Akzent erinnert dabei an die von Sascha Baron Cohen entwickelte Figur Ali G. bereits bei diesem Video. Obwohl weltweit vor allem die beiden Ansprachen von Opfer und Täter in den Medien gezeigt wurden, ist das Originalvideo erheblich länger: Wir sehen Nachrichtenbilder, von Politikern und Kriegshandlungen, montiert auf eine aus aktuellen Hollywoodfilmen bekannte Weise: mit Flashcuts, kurzen Weißblenden, mit Toneffekten untermalten Schnitten, Überblendungen und anderen Stilmitteln, die man etwa in Filmen von Tony Scott findet (z.B. *Domino*, 2005). Diese deutlich ausgestellte Inszeniertheit führte in der umfassenden Diskussion des Videos bald zu dem Verdacht, die gesamte Exekution könnte hier simuliert sein. U.a. die Zeitung The Times versuchte einen Nachweis der Simulation[2], indem sie vor allem den Moment analysierte, in der Jihadi John das Messer an Foleys Hals ansetzt.

Es gibt dabei eine weitere Auffälligkeit gegenüber bekannten früheren Enthauptungsvideos islamistischer Organisationen. So wird nur der erste Schnitt

1 Zur Diskussion um diese Person siehe: http://www.spiegel.de/politik/ausland/ex-geisel-von-jihadi-john-nicolas-henin-ueber-den-is-a-1022670.html (Stand: 3.6.2015)

2 http://www.thetimes.co.uk/tto/news/uk/article4186089.ece (Stand: 3.6.2015)

gezeigt, bei dem kein Blut zu sehen ist. Nach einer Abblende sieht man den ausblutenden Leichnam auf der Erde liegen, der abgeschnittene Kopf ist auf dem Körper platziert. Ungeachtet aller Überlegungen, ob und warum dieses Szenario gefälscht sein könnte, ist vor allem auffällig, dass dieses Video eine neue Ära der islamistischen Propaganda einläutete. Waren in früheren Videos solche Exekutionen meist in allen drastischen Details zu sehen – ungeschnitten und in eher mittelmäßiger Bildqualität –, ist hier der Fokus deutlich verlagert. Statt skandierenden Jihadisten mit Schusswaffen im Hintergrund ist hier eine öde Wüstenlandschaft zu sehen. Statt die Todesqualen des Opfers ins Zentrum zu stellen, geht es eher um die verbalen Aussagen und die filmische HD-Optik. Es ist also zu vermuten, dass dabei nicht Terror durch viszerale Grausamkeit angestrebt wird – das gilt erst wieder für das Verbrennungsvideo –, sondern andere Emotionen aktiviert werden sollen. Im Fall von James Foley geht es offensichtlich darum, diese Drastik eher

zu vermeiden und einen symbolischen Bedeutungsraum an diese Stelle zu setzen.

Ein drittes Beispiel ist hier noch von Interesse: Die Enthauptung von einundzwanzig koptischen Christen an einem Meeresstrand. Die Filmregisseurin Mary Lambert[1] verweist auf zahlreiche Ungereimtheiten in diesem Video: so sehen wir zu Beginn, wie riesenhafte Jihadisten fast zwerghaft kleine Opfer mit sich führen. Gegen Ende scheint sich das halbe Meer rot gefärbt zu haben – alles Effekte, die offensichtlich digital verstärkt oder gar komplett konstruiert wurden.

Die Riesenhaftigkeit der IS-Kämpfer[2] erinnert an den surrealen Gigantismus des Persischen Feldherrn Xerxes in Zack Snyders Fantasyfilm *300* (2006), der dessen göttliche Herkunft demonstrieren soll. Das IS-Video signifiziert hier die heilige Mission im Namen Allahs und kann als Gegennarrativ zu dem amerikanischen Film verstanden werden, dem vor allem

1 http://www.foxnews.com/world/2015/02/21/isis-army-7-footers-experts-say-video-copt-beheadings-manipulated/ (Stand: 3.6.2015)

2 http://www.theepochtimes.com/n3/1251611-isis-beheadings-video-purportedly-shows-21-egyptian-christians-killed/ (Stand: 3.6.2015)

im Nahostbereich vorgeworfen wurde, antiiranische Propaganda zu pflegen, während die Spartaner für den westlichen Widerstand gegen die fremden Invasoren stünden.[1]

Der folgende Text knüpft an die Zeitungsartikel an, die unmittelbar nach Veröffentlichung der IS-Videos den direkten Vergleich zur Hollywood-Ästhetik zogen[2] und fragt zugleich, was diese Videos direkt oder indirekt vermitteln. Er wird also mit den Methoden der Seduktionstheorie der Frage nachgehen, ob und wozu diese Videos verführen wollen, und ob sie sich letztlich - so zynisch es anmuten mag - im Kontext medialer Kunst verorten lassen.

Terrornarrative

Spätestens als die ersten medialen Bilder vom Terroranschlag auf das World Trade Center am

1 Siehe hierzu etwa Lukas Foersters Kritik in: http://www.critic.de/film/300-805/ (Stand: 3.6.2015): „300 ist offen faschistoid, gewaltverherrlichend und rassistisch." Das Symbol der Spartaner tauchte später tatsächlich als Symbol der europaweiten identitären Bewegung wieder auf.

2 z.B.: http://www.latimes.com/entertainment/movies/la-et-mn-ca-isis-video-horror-20150301-story.html#page=1 (Stand: 3.6.2015)

11.9.2001 weltweit übertragen wurden, begann sich nicht nur umgehend eine ikonische Dimension dieser eindringlichen Bilder abzuzeichnen, sondern zugleich ein Narrativ abzubilden, das von einer grundlegenden Änderung der weltweiten Ordnung zu künden schien. Dabei war ein solches Narrativ von den Drahtziehern des Anschlags ebenso geplant wie das Ziel in seiner ikonischen Dimension – als Wahrzeichen New Yorks – bewusst gewählt war. Es ging also darum, mit mindestens zwei Selbstmordattentaten in Flugzeugen ein mediales Narrativ zu begründen, das bis heute die unterschiedlichsten Interessen bedient: vom westlichen Verschwörungstheoretiker bis zum muslimischen Fanatiker. Dabei erschien der hier erzählte Plot irritierend vertraut: Er knüpfte an Phantasien an, die vielfach medial vorgedacht worden waren – u.a. innerhalb des populären Hollywoodkinos der Dekade zuvor. Auch dieser Umstand ist nicht erstaunlich, denn jedes neue Narrativ muss an ein vertrautes Denksystem anknüpfen, und so war nicht zuletzt die frappierende Logik von Ziel und Durchführung dieses Anschlags umso erschreckender. Im Diskurs nach 9/11 war vor allem diese Betonung der inneren Logik nicht erwünscht, auch wenn solch prominente Repliken von Jean Baudrillard[1] oder Karlheinz Stockhausen[2] stammten.

Einer jener Autoren, die 9/11 als (Terror)Narrativ[3] diskutierten, war der Amerikaner Don DeLillo in seinem Essay im Harper's Magazine (Dezember 2001, S. 33–40). Unter dem Titel „In the Ruins of the Future"

1 Jean Baudrillard: Der Geist des Terrorismus, Wien: Passagen 2003

2 Stockhausen, Karlheinz: „Huuuh!" Das Pressegespräch am 16. September 2001 im Senatszimmer des Hotel Atlantic in Hamburg, in: MusikTexte 91 (2002), 69–77

3 Siehe hierzu: Hennigfeld 2014

beschrieb er den Anschlag als ein Narrativ, das sich gegen den „high gloss of modernity" gerichtet habe. Darauf gelte es nach DeLillo nun, mit einem „counter narrartive" zu reagieren (S. 34). Diese Wortwahl erscheint etwas irritierend, denn eigentlich müsste hier zwischen „master narrative" und „counter narrative" unterschieden werden, ein Dualismus, der der *postcolonial theory* entstammt und die These vertritt, die westlichen Kolonialmächte hätten ein Primat auf kulturelle Definition und Identität etabliert, das erst in der postkolonialen Ära von den einst unterdrückten Kulturen in einem identitären Gegenmodell konfrontiert würde. In dieser Logik ist also DeLillos Modell eindeutig verkehrt gedacht, denn die Attentäter von New York haben zweifellos ihren infernalischen Gewaltakt – ob bewusst oder latent – als ein identitäres Gegennarrativ zur Dominanz einer als feindlich empfundenen westlichen Erzählung begriffen.

Aus filmwissenschaftlicher Sicht ist dieser Umstand von größtem Interesse, denn nicht nur die direkten Augenzeugen des Anschlags beschrieben ihn als „like a movie"[1]. Tatsächlich lassen sich zahlreiche direkte visuelle und kontextuelle Bezüge zu Hollywoodfilmen nach 1990 finden, die buchstäblich in der Befürchtung einer terroristischen „counter narrative" an der Affirmation der „master narrative" arbeiteten. Und in dieser medialen Affirmation spielte vor allem die Sicherung der Macht durch den ungehindert kontrollierenden Blick eine bedeutende Rolle. Mit einer bislang ungekannten Intensivierung geheimdienstlicher Überwachungs- und Kontrollmechanismen machte sich das System auf die Suche nach potenziellen Autoren eines bedrohlichen „counter narrative". Der Mannheimer Historiker Patrick Kilian weist in seiner

1 Reza Aslan: Foreword, in: Jeff Birkenstein, Anna Froula, Karen Randell (Hrsg.): Reframing 9/11: Film, Popular Culture and „The War on Terror", New York 2010, XI–XIII

Untersuchung „Die üblichen Verdächtigen"[1] treffend darauf hin, dass im Zuge dieser Sicherheitspolitik umgehend auch tatsächlich Autoren in den Fokus der Ermittler gerieten. So wurde der Schriftsteller und Journalist William T. Vollmann 2001 vom FBI als potenzieller Urheber der Anthrax-infizierten Briefe gehandelt[2], dass er aufgrund seines postkolonial-kritischen Romans *Fathers and Crows* zu den gefährlichen „counter narrators" gezählt wurde: Sein Roman wurde als „ein Anschlag auf die amerikanische Ordnung wahrgenommen."[3] Bereits die künstlerische Reflexion eines „counter narrative" wurde einem terroristischen Akt vergleichbar gewertet. Spätestens mit dem 11. September 2001 war also jeder Bürger potenziell gefährlich für das System. Die Bemühungen um absolute Kontrolle des medialen Blicks hatten ihre Wurzeln jedoch früher.

In der medienkompetenten Inszenierung von wirkungsvoller ideologischer Propaganda ist es also wichtig, ikonische Bilder zu kreieren, die sich als identitäres Narrativ begreifen lassen und somit im Idealfall als ein Gegennarrativ zu bereits etablierten und bekannten Narrativen verstanden werden können. In diesem Prozess liegt ein Höchstmaß an Identifikationspotential. Dazu kommt der intensive Einsatz von Stilmitteln, die vor allem aus kommerziellen Spielfilmen bekannt sind: auf den Ebenen von Kameraführung, Bildgestaltung, Montage und Tondesign. Mit Boris Groys gesprochen, müssen solche Manipulationen offen gelegt und auch die Bilder des Ter-

1 Kilian in: Hennigfeld 2014, 53–72

2 Vollmann: Wie schreibt man ein Meisterwerk? (Interview), in: Die Zeit, Nr. 16 (11.4.2013), S. 45

3 Kilian 2014, S. 57

rors einer Form von Kunstkritik unterzogen werden[1], denn ungeachtet der mit der Herstellung der Videos verbundenen, menschenverachtenden Verbrechen ist der ästhetische Gestaltungswille dem konventionellen Filmemachen zumindest sehr ähnlich und bezieht sich auf ähnliche Mechanismen: die seduktiven Strategien filmischer Inszenierung.

Propagandafilm als Verführung

Der aus den philosophischen Schriften von Jean Baudrillard abgeleitete Begriff der Seduktion (franz. *séduction*), wie ich ihn für die Seduktionstheorie definiert habe[2], bezeichnet Verführung in einem grundsätzlichen Sinne als Manipulation oder Suggestion, die in diesem Falle der Filmzuschauer erfährt. Entwickelt hat Baudrillard sein Modell der *séduction* u.a. in *L'Èchange symbolique et la mort* (1976) und *De la séduction* (1979), wo er mediale Kommunikationsprozesse als ein seduktives (verführerisches) Spiel beschreibt: Der Film „will wie eine psychotische Halluzination eine Vision erzeugen, in der innen und außen sich vermischen. Er will in den Zuschauer eintauchen, so wie dieser in ihn eintauchen soll."[3]

Für das Medium Film lässt sich die Seduktion auf drei Stufen nachweisen[4]: In einem ersten Schritt verführt der Film zu sich selbst, um das Interesse des potentiellen Zuschauers zu wecken. Auf dieser Ebene, die auch den Trailer, die Promotion und Aspekte wie Besetzung, Budget und Genre umfasst, wird die

1 Groys zit.n. Sebastian Baden: Das Bild als Terrorwaffe? https://chrismon.evangelisch.de/artikel/2014/das-bild-als-terrorwaffe-30618 (Stand: 3.6.2015)

2 Siehe Stiglegger 2006

3 Jacke 2013, 131

4 Stiglegger 2006, 87–89

Erwartung und das Begehren des Zuschauers stimuliert.

Auf der zweiten Ebene der Seduktion kann der Film eine spezifische Aussage propagieren. Das gilt sowohl für den explizit ideologischen Propagandafilm als auch für Filme mit leicht durchschaubaren polaren Erzählmustern, die sich in eindeutigen Zuweisungsstrukturen erschöpfen. Zahlreiche kommerzielle Hollywoodproduktionen arbeiten mit der Favorisierung einer spezifischen Aussage, die dem Zuschauer nahegelegt wird und avisieren eine Verführung auf der zweiten Ebene.

Die erst durch eine seduktionstheoretisch fundierte Analyse eruierbare dritte Ebene der Seduktion verdeutlicht, wie der Film zu einem zunächst verdeckten Ziel verführt, das auf der Metaebene verborgen liegt. Hier werden subtile Aspekte wie spezifische Begehrensstrukturen deutlich, die Schlüsse auf ideologische Subtexte des Werkes zulassen.

Während die beiden ersten Ebenen der Seduktion recht leicht erkennbar sind, stellt die dritte Ebene die tatsächliche Herausforderung an den Zuschauer dar, denn das Ziel der Seduktion – wie der Verführung allgemein – ist es, diesen gegen seine vermeintlich gefestigte Position vom vertrauen Weg abzubringen. Die filmischen Mittel und Ebenen der Seduktion im Film liegen dabei erstens auf der Ebene der Performanz: Bewegung, Körper, Sinnlichkeit, also Sexualität, Kampf, Choreographie. Zweitens sind sie im Bereich der Narration zu finden, als epische Erzählung oder verdeckte Mythologie. Und drittens liegen sie auf der ethischen Ebene, etwa indem der Zuschauer einem Ambivalenz-Erlebnis ausgesetzt wird:

Die Herausforderung, das ‚Undenkbare‘ zu denken. Mittel dieser seduktionstheoretischen Feinanalyse ist die dichte Beschreibung des filmischen Zeichensystems, die durch hermeneutische Neubetrachtung jeweils verfeinert wird. Ziel ist es, die seduktiven Strukturen, die in der Inszenierung angelegt und verdeckt wurden, offen zu legen.

Der Vorzug der Seduktionstheorie ist es, eine nichtnormative Betrachtung unterschiedlichster Filme zu begünstigen, den Erkenntnisgewinn zu maximieren und so an einer Überwindung des etablierten Kanon-Denkens zu arbeiten. Nationale Herkunft des Werkes, Entstehungsepoche oder generische Eigenarten stellen nur noch beachtenswerte Nebenaspekte dar, während die Analyse dem spezifischen Werk gewidmet ist und sich an dessen selbst gesetzten Intentionen orientiert. So ist mit dem dreistufigen Seduktionsmodell auch ein Gewinn für die Analyse marginalisierter generischer Filme (Genretheorie, *porn studies, cinematic body theory*) oder gar nur filmähnlicher medialer Formen (etwa das Propagandavideo) verknüpft. Allerdings lassen sich auch aus der Seduktionstheorie keine allgemeingültigen Schlüsse im Sinne einer Rezeptionstheorie ziehen, wohl aber bezüglich der Erforschung von schwer oder nicht intellektualisierbaren filmischen Phänomenen: im Bereich extremer Affekte wie Lust, Ekel, Angst und Grauen oder mythischen Atavismen im menschlichen Denken. Wie aber lassen sich die IS-Terrorvideos in diesem Kontext begreifen?

Hinrichtungsvideos als Medien der Verführung?

„Die IS-Enthauptungsvideos sind echte Snuff-Videos, nach der alten Definition: nicht einfach mit einer Kamera festgehaltene Morde oder Hinrichtungen, sondern verfilmte Kurzdrehbücher", schreibt der Journalist Clemens Setz. „Der Islamische Staat degradiert das Opfer kurz vor seinem Tod zum Schauspieler, es hat einen vorbereiteten Text aufzusagen und eine Rolle zu spielen. [...] Die Opfer wirken außerdem bemerkenswert ruhig und gefasst – und selbst wenn dies dem außergewöhnlichen Mut und Stoizismus dieser Männer zuzuschreiben ist, ist es doch zugleich genau das Bild, das der IS zeigen möchte. Kein Aufbegehren, kein letzter Kampf, kein Gerangel, sondern ein besiegter, sich dem Schicksal ergebender Feind. Ein in einen monolithischen Propagandablock verwandelter Mensch."[1] Dabei seien diese Bilder „für alle" gedacht, nicht nur für einige „Gore-Freaks, die nachts auf einschlägigen Websites herumhängen." Die Tatsache, dass die Tat selbst vor allem eine Ellipse bilde, knüpfe an „eine uralte Erzähltechnik an, die vor allem der Verstärkung mentaler Bilder dient." Ähnliche Einschätzungen kommen aus den USA: „ISIS know their audience ... They are targeting those who see in violence a form of catharsis and a way to strike back at the enemy," sagt der Terrorismusexperte Bruce Hoffman.[2] Die gezeigte und implizierte Gewalt muss also als Teil des seduktiven Prozesses gewertet werden – die Filme funktionieren nicht trotz, sondern auch wegen dieser realen Gewalt und des realen Todes von Menschen, die als „Feind" klassifiziert wurden. Sie sind somit eine fundamentale ethische Herausforderung für den ideologisch nicht affirmativen Betrachter.[3]

Man kann davon ausgehen, dass es die noch immer kursierenden Propagandavideos mit drastischer Gewalt gibt, die ein bereits überzeugtes Publikum bestä-

1 http://www.zeit.de/2014/40/is-enthauptungsvideo-verbreitung-internet (Stand: 3.6.2015)

2 http://www.latimes.com/entertainment/movies/la-et-mn-ca-isis-video-horror-20150301-story.html#page=1 (Stand: 3.6.2015)

3 Siehe hierzu: Diana Rieger, Lena Frischlich und Gary Bente: Propaganda 2.0 – Psychological Effects of Right-Wing and Islamic Extremist Internet Videos
http://www.bka.de/nn_233148/SharedDocs/Downloads/DE/Publikationen/Publikationsreihen/01PolizeiUndForschung/1__44__Propaganda2.0.html (Stand: 3.6.2015)

tigen und befriedigen sollen und vor allem den Feinden als Abschreckung dienen. Und dann gibt es die an ein großes Publikum gerichteten Videos, zu denen auch die eingangs beschriebenen Beispiele gehören, die weniger die Drastik der Gewalt, als den ideologischen Kontext ins Zentrum stellen und dabei erheblich weiter gehen in der Inszenierung des Geschehens. Hier sieht Clemens Setz den Bezug zum kommerziellen gewaltpornographischen Snuff-Film, dessen Existenz jedoch umstritten bleibt.[1] Reduziert man die Definition von Snuff-Film jedoch auf die mediale Inszenierung mittels realer Gewalt, dann sind die IS-Videos durchaus in diesem Kontext zu betrachten.

Würde man die drei Stufen der Seduktion durchdenken, so fragt man sich zunächst, wie verführen diese Filme den Zuschauer dazu, sie überhaupt sehen zu wollen. Hier erscheint wichtig, dass sie in einem konkreten politischen und ideologischen Kontext stehen und die Authentizität des Geschehens erfolgreich beglaubigen können. Die IS-Videos versprechen die Sensation des realen Todes, gepaart mit einem spektakulären Setting – einen ultimativen Tabubruch nach den Menschenrechten und den gesellschaftlichen Regeln der westlichen Industrienationen. Sie sind somit eine inhumane Form des medialen Protests. Zudem appellieren sie an die Sensationslust und Neugier des ideologisch indifferenten oder gar kritischen Internetnutzers. Sie bieten den Tabubruch des medial reproduzierten, realen Gewaltaktes. Vor allem das Verbrennungsvideo geht hier über jede Grenze, was Deutlichkeit und vor allem Dauer der Darstellung des Todes betrifft. Auf der ersten Stufe der Seduktion appellieren diese Videos also an die Neugier auf den in der westlichen Gesellschaft geächteten systemischen Gewaltakt und die Vorführung des realen To-

1 Stiglegger in Koebner 2007, 653

des. Was noch ein Film wie *Faces of Death / Gesichter des Todes* (1978) von Conan le Cilaire weitgehend nachinszenierte und als ‚echt' verkaufte, wird nun in Internetclips jedem Interessierten weltweit zugänglich gemacht. Entsprechend hoch sind vermutlich die Downloadzahlen.[1]

Auf der zweiten Ebene geht es um die klar identifizierbare Botschaft – wie in einem Werbespot. Nun sind die IS-Clips ideologische Werbespots, die auf drastischste Weise Werbung für die islamistische Weltsicht machen, in der Andersgläubige automatisch als Todfeinde vogelfrei sind. Jeder der Clips ist deutlich bemüht, rational nachvollziehbare Gründe für dieses Feindbild zu liefern: In kontrastiven Montagen, in denen wir die vorangehenden Kriegsakte gegen den IS zu sehen bekommen. Auch Aussagen von US-Politikern werden hier als ideologisches Feindmaterial präsentiert. Zugleich sind diese Clips ideologisch als Warnung an die Gegner dieser Aussage gerichtet: Sie liefern einen Eindruck, was den ideologischen Feinden droht: die Enthauptung, die Lebendverbrennung.

Auf einer zweiten Ebene funktionieren diese Terrorclips also als Werbefilme für das System des „Islamischen Staates" und gegen die kritische oder feindliche Position. Sie sind eine Machtdemonstration für die Anhänger und ein audiovidueller Terrorakt gegen die Feinde. In diesem Kontext ist auch die ‚counter narrative' verankert, in der sich diese Filme als Antwort auf die Botschaften des stilistisch ähnlichen Hollywoodkinos richten.

1 Laut dem Wiesbadener Journalisten Rainer Fromm gehört der IS-Propagandafilm *Klirrende Schwerter* (2014) zu den häufigsten Filmdownloads weltweit – auch dieser Film enthält die Darstellung zahlreicher realer Exekutionen, zugleich aber auch Glorifizierungen von Kämpfenden in Zeitlupenszenen sowie verharmlosende „Alltagsszenen" aus dem „Islamischen Staat" mit lachenden Kindern.

Wirklich verstörend ist in diesem Fall die Überlegung, was die Ebene der verdeckten Verführung hier bieten könnte. Die dritte Ebene der Seduktion ist die Verführung zu ‚etwas anderem', das zunächst nicht erkennbar ist. Dieses ‚Andere' liegt u.a. in der Ästhetik der Clips verborgen. So inszenieren sie die IS-Henker als übermenschliche und im Grunde durch ihre Maskierung entindividualisierte Heroen, die ohne Skrupel und Zögern töten und foltern können, da sie im Sinne ihrer Ideologie auf der ‚richtigen Seite' stehen, und im ‚Namen Gottes' handeln. Sie sind so im Symbolsystem dieser Clips das heilige Richtschwert der göttlichen Exekutive, ihr Agieren ist direkt mit einem ‚göttlichen Willen' verknüpft.

Ritualisierte Inszenierung, Radikalität der Handlung sowie pathetische Überhöhung der Gewalt (v.a. in dem Verbrennungsvideo) sollen also Freund und Feind eine Ahnung von der ‚sakralen Urgewalt' des IS vermitteln. Hier handelt es sich also um einen direkten Appell an eine mythische Urerzählung, die eine identitäre Funktion für den IS besitzt. Zudem ist der buchstäbliche Gigantismus im dritten Beispiel ein ähnlich plakatives Bild für diese sakrale Funktion und göttliche Herkunft wie man es aus dem bereits zitierten Spielfilm *300* kennt. Indirekt sollen diese Inszenierungen also dieselben Gefühle einer Sehnsucht nach Überlegenheit triggern, wie es bereits Zack Snyder vorgeführt hat – nur dass es sich dort um den erklärten Feind (Xerxes) handelte. Aber das entspricht wiederum der ‚counter narrative', die vom IS beabsichtigt scheint.

Die Schauplätze der Videoclips aus der Wüste und vom Meeresstrand – sind ebenso universal wie mythisch aufgeladen. Sowohl die Wüste als auch das Meer – die Wasserwüste – sind in den religiösen Schriften hochgradig aufgeladene Transitorte. Und als ‚Durchgangsorte' sind sie die Schauplätze von

Passageriten. Es erscheint also keinesfalls willkürlich, dass in den aktuellen Clips solche pittoresken Schauplätze gewählt wurden.[1] An die Anhänger richten diese Clips also indirekt die Aufforderung, selbst Teil des Mythos zu werden – und somit Anteil am Reich des Sakralen zu haben – dem „Gottesstaat".[2]

In ihren völlig immoralischen (im Sinne von bar oder jenseits der Moral), inhumanen Gewaltakten repräsentieren die Henker des IS zugleich auch eine radikale Loslösung von den Werten der Moderne und der Aufklärung – inklusive einer Absage an die Menschenrechte. Obwohl sie sich den eigenen Aussagen nach als Exekutive einer höheren Mission sehen, ähneln sie so den dunklen Souveränen aus westlichen Medienerzählungen: Sie erinnern an protofaschistische Herrscherfiguren wie Darth Vader, an mysteriöse Serienmörder und andere Willkürtäter, die ihre eigenen Gesetze gegen eine Welt der Regeln und der subliminierten Triebe stellen. Das Geschehen der Clips könnte also als eine symbolische Enthemmung und Verwilderungsphantasie missverstanden werden – ein verdeckter Appell an jene Zuschauer, die sich selbst als machtlos erleben und von dieser Entfesselung im tyrannischen Gewaltakt träumen, um sich selbst zu erhöhen. Ähnlich wie die de Sade'schen Tyrannen in Pier Paolo Pasolinis Verfilmung *Salò / Die 120 Tage von Sodom* (1975) immer wieder betonen, in dieser willkürlichen Machtausübung seien sie „die wahren Anarchisten" – eine fatale Fehlinterpretation der Selbsterhöhung. Doch grundsätzlich ist die skrupellose Gewaltausübung Teil des avisierten Faszinosums. Das

1 Siehe zum mythischen Ort: Stiglegger in: Martin / Steinborn 2015, 87–100

2 Siehe hierzu: Quintan Wiktorowicz: Framing Jihad: Intramovement Framing Contests and al-Qaeda's Struggle for Sacred Authority. In: International Review of Social History, 49 Jg., Supplement S12, 2004, 159–177

gilt auch für weitere Propagandavideos des IS, wie etwa den höchst erfolgreichen „Imagefilm" *Klirrende Schwerter* (2014), in dem mit dem iPhone mitgefilmte Shootouts aus Sicht der Schützen ganz gezielt die Sehgewohnheiten eines Egoshooter-Publikums ansprechen. Allerdings sind Blut und Leichen hier real. Nimmt man also Boris Groys' These ernst, dass man auch ideologische Terrorclips als Kunstwerke analysieren kann, wird frappierend deutlich, wie zielgerichtet seduktiv diese Inszenierungen vorgehen. Und statt vor allem Schock und Abscheu zu provozieren, ist im Gegenteil zu befürchten, dass diese Clips ihr Ziel erreichen und zum Faszinosum für ein sympathisierendes oder unsicheres Publikum werden, das ihren Strategien kritiklos ausgeliefert ist. Auffällig ist dabei, dass in den zitierten Videos keine religiösen Zusammenhänge in verständlicher Weise vermittelt werden. Solche Elemente sind in Schrifteinblendungen oder ritueller Musik präsent, werden jedoch nicht übersetzt oder in einem nachvollziehbaren Zusammenhang eingebettet. Die seduktionsanalytische Betrachtung hat vielmehr gezeigt, dass die Propagandisten sich hervorragend in den Ausdrucksformen der westlichen Medien auskennen und sich vor allem aus solch medial etablierten und für ein junges Publikum leicht nachvollziehbaren Elementen bedienen. So appellieren sie an mediale Kompetenz und zitieren aus Hollywoodfilmen, Computerspielen, Musikvideos und Trailern. Was sie damit vermitteln, ist eher ein Zerrbild westlicher Medieninhalte, die buchstäblich gewaltsam auf die ideologischen Botschaften zurechtgebogen werden. Die internationale Resonanz bei einem jungen, leicht manipulierbaren Publikum gibt den Propagandisten in gewissem Sinne recht, denn alleine mit der Rezitation ihrer Glaubensinhalte und brachialen Gewaltakten – wie das in früheren Terrorvideos der Fall war – würden sie ein solches Klientel kaum begeistern oder faszinieren.

Mit den hochqualitativ inszenierten Propagandavideos hat der IS eine effektive Verführungsmaschinerie in Gang gesetzt, die nachweislich nicht nur den erwünschten Schrecken erzeugt, sondern auch weitere Fanatiker mobilisiert, sich dem Kampf für eine Herrschaft unter der Scharia zu widmen (und zu opfern). Insofern diese Videos eine in der Realität nachvollziehbare Wirkung verzeichnen können, ist anzunehmen, dass ihre seduktiven Strategien auf mehreren Ebenen funktionieren, speziell auch, weil sie sich etablierter popkultureller Codes bedienen. Die IS-Propaganda-Videos können im Sinne der Seduktionstheorie des Films als eine mediale Verführung zum Bösen begriffen werden: als Aufruf zur und Verherrlichung der Gewalt gegen die ideologischen Feinde, als exzessive und fatale Degradierung Andersdenkender im Namen einer dogmatischen und im Sinne der Aufklärung irrationalen Botschaft. Wenn man mit Karlheinz Bohrer fragte: „Gibt es das böse Kunstwerk?"[1] – die IS-Videos sind in ihrem pervertierten Gestaltungswillen und ihrer hyperrealen Virtualität vermutlich das, was einem „bösen Kunstwerk" heute am nächsten kommt. Und auch sie stehen im Zeichen einer schwarzen Flagge, deren Verbreitung und Popularität der internationalen, global im Internet verbreiteten Popkultur endgültig ihre Unschuld genommen hat. Die Popkultur hat im Jahr 2020, über ein halbes Jahrundert nach dem „Summer of Love", ihren eigenen Abgrund derart verinnerlicht, dass sie selbst zu einem Medium totalitärer Ideologie werden konnte. Die Dialektik von Schwarz und Weiß ist von einem ewigen Kreislauf zu einem Strudel gewachsen, der unsere Ideen einer bunten Welt der Möglichkeiten ins Chaos reißt, ins Chaos der sich verflüssigenden Referenzen.

1 Bohrer 2004

Blicke in den Abgrund

Ein Gespräch zwischen Christian Fuchs und Marcus Stiglegger

Oh, far away
There lies a dream
We're all seeking
It's locked away
The key hangs near
Our hands are tired
Patrick Leagas, Doubt to Death

Christian Fuchs ist Film- und Kulturkritiker beim Österreichischen Radio FM4. Er hat das Buch *Kino Killer* veröffentlicht und mehrere Bands begründet: Fetish 69, Bunny Lake, Die Buben im Pelz und Black Palms Orchestra. Das folgende Gespräch begann mit einem Radiotalk im Februar 2020 in Wien und wurde per Email fortgesetzt.

MS: Christian, wir kennen uns ja seit über zwei Jahrzehnten, auch wenn wir uns leider selten persönlich getroffen haben. Was mir aber von Anfang an klar war: Wir teilen viele Interessen, auch wenn wir diese etwas unterschiedlich angehen. Das erste, was ich von Dir bewusst wahrnahm, war das Buch *Kino Killer. Mörder im Film* (Belleville), das Du 1997 mit einem Vorwort von Jörg Buttgereit veröffentlicht hast. Darin beschäftigst Du Dich mit einem der tiefsten Abgründe der populären Kultur: True Crime und Serienmord. Wir würdest Du aus heutiger Sicht Deine Faszination für reale Serienmörder beschreiben?

CF: Es freut mich, Marcus, dass wir uns in diesem Rahmen austauschen können. Zu meinem Buch damals muss ich anmerken, dass es mir zunächst primär um die Filme ging, weniger um die realen Serienkiller oder Amokläufer dahinter. Mich fasziniert immer die Fiktionalisierung mehr als die ungefilterte Realität. Vielleicht weil Kunst mit ihren Transformations-Mechanismen für mich persönlich auch ein Hilfsmittel ist, um mit der Härte der Wirklichkeit umzugehen.

MS: Du analysierst in *Kino Killer* aber gerade die Differenz zwischen Fiktion und Realität, oder?

CF: Genau, deswegen habe ich zwei Jahre lang unzählige True-Crime-Schmöker gelesen. Mein Buch entstand ja noch vor dem Durchbruch der Online-Recherche. Und am Ende war ich wie betäubt, beinahe paralysiert. Denn die echten Fälle hatten in ihrer schockierenden Trostlosigkeit natürlich nichts mit der dunklen Mythenwelt des Kinos zu tun. Mich hat das Thema dann eine ganze Weile lang abgestoßen, einschlägigen Zeitungsartikeln über Serienmord bin ich ewig ausgewichen. Wieder war es aber das Kino, welches mich erneut überrumpelte. Weil unglaublich viele eindringliche, unheimliche und auch innovative Serienkiller-Filme seit damals veröffentlicht wurden.

MS: Aber wenn es immer neue Wellen zu diesem Thema gibt, was macht den Blick in diesen Abgrund so anhaltend faszinierend und populär?

CF: Ich glaube, das hat sehr viel mit dem jeweiligen Zeitgeist zu tun, der sich in den Filmen spiegelt. Berüchtigte Serienkiller-Figuren tauchen natürlich immer wieder in der Filmgeschichte auf, ob in realistischer Form oder als überhöhte Kunstfiguren. In den 90er Jahren gab es aber einen regelrechten Boom. Das hatte vielleicht mit der Eingelulltheit dieser Ära zu tun. Natürlich gab es auch Kriege und Konflikte in den Neunzigern. Aber ein Teil des gut situierten Westens lullte sich mit Coffetable-Musik und Cappucinos ein. Verglichen mit der Atomkriegs-Angst der Achtziger

und der apokalyptisch anmutenden Gegenwart, fühlte es sich idyllisch an. Aus dieser gemütlichen Apathie heraus wurden Monster geboren. Hannibal Lecter oder die „Natural Born Killers" mutierten zu plakativen Antihelden der Postmoderne. Sie verkörperten auf der Leinwand, mitten in der Leere des medialen Overkills, das ewige Bedürfnis nach animalischeren Zuständen, nach einem rauschhaftem Sich-außerhalb-des-Seins-Katapultieren. Die Serie „Hannibal" knüpft später, in den Jahren 2013–2015, noch an diesen Ansatz auf radikale Weise an. Sie entwickelt einen surreal-stylischen Sog, in dem der Realismus bewusst in einem Mahlstrom aus Blut und Übermenschen-Glorifizierung verloren geht.

MS: *Hannibal* ist eine Serie, die vor allem mit der zweiten und dritten Staffel einen sehr starken Eindruck bei mir hinterlassen hat – von morbider Ästhetik, einer eigenwilligen Philosophie geprägt und mit einem hypnotischen Soundtrack unterlegt, habe ich nach langem mal wieder Gefallen an einem Serienformat gefunden. Auch die perverse sexuelle Unternote der Inszenierung ist bemerkenswert, mag aber zur frühzeitigen Beendigung der Serie beigetragen haben. Hier kommt etwas an den Rand des popkulturlellen Abgrundes, denkst Du nicht?

CF: Ein Teil von mir, der sich im Sinne dieses Buches hier an den Abgründen der Popkultur delektiert, ist voll in „Hannibal" hineingekippt. Gleichzeitig sehe ich die Serie in ihrer Überhöhung aber auch als Endpunkt und betrachte die Killer-Popstars heute viel kritischer, als naive bürgerliche Projektionsfantasien mit morbidem Einschlag. Aber es hat sich in der filmischen Betrachtung auch viel verändert. Wenn ich beispielsweise David Finchers Debüt „Se7en" mit seiner aktuellen Serie „Mindhunter" vergleiche, gibt es da einen großen Unterschied. „Se7en", den ich damals verehrt habe, arbeitet stark mit Stilisierung mittels Film-Noir-Zitaten und mystifiziert den Killer auch sehr. *Mindhunter* dagegen setzt auf Nüchternheit und radikale Entmystifizierung der Täter, was ich gegenwärtig als schlüssigste Annäherung an das Thema empfinde.

MS: *Mindhunter* hat mich auch zunächst fasziniert, wobei die Stringenz mit der zweiten Staffel etwas schwindet. Ich denke, nach dem lange angekündigten Auftritt von Charles Manson ist dramaturgisch etwas die Luft raus. Wie erklärst Du Dir diese anhaltende Faszination von Manson und seiner Family in der Popkultur – kürzlich ja auch nochmal bei Quentin Tarantinos *Once upon a Time in Hollywood*?

CF:Ich glaube, die düstere Symbolkraft von Manson ist ungebrochen groß, weil da mehrere Dinge zusammenkommen. Die Verbrechen seiner „Family" stehen für den Bruch mit den hippiesken Sixties-Idealen. Im

August 1969 ist, zumindest was die kulturelle Wahrnehmung betrifft, der Traum vom friedlichen Utopia verstorben. Andere Faktoren, wie die Tragödie von Altamont, kommen da natürlich hinzu. Die im Auftrag von Charles Manson begangenen Morde waren aber auch Angriffe gegen die Hollywood-Comunity, was Tarantino ins Zentrum stellte. Auf diesen Celebrity-Aspekt, rund um Sharon Tate, stürzte sich natürlich der Boulevard, der Manson zur bizarren Kultfigur stilisierte. Was er sich ja selber auch gern gefallen ließ.

MS: Die finsteren Abgründe der Popkultur blieben ja bestehen, tauchten seit Mitte der 1970er Jahre im Punk, im Heavy Metal und in der frühen Industrial Culture wieder auf. Wir sind ja beide in den 1980er Jahren sozialisiert. Für mich waren die 1980er Jahre, in denen ich meine Pubertät verbrachte, eine sehr finstere Zeit, die vom Gedanken an einen möglichen Atomkrieg ebenso geprägt war wie von den Nachklängen des RAF-Terrors und dem steigenden Bewusstsein für die Zerstörung der Umwelt. Ereignisse wie Tschernobyl oder die Veränderung des Sexuallebens durch HIV prägten mein Lebensgefühl hin zu einer Existenz angesichts eines latenten Todes. Für mich gab es sehr früh immer die Suche nach einem möglichst direkten und authentischen Ausdruck dieser Gefühle in Kleidung, Mode, Musik und Filmen. Bands wie Bauhaus, Sisters of Mercy, Dead Can Dance oder Fields of the Nephilim leiteten mich direkt in die Schwarze Subkultur, die ich als DJ, Publikum und Musiker intensiv lebte. Auch Du hast diese Zeit ja bewusst in einer wichtigen Lebensphase mitbekommen. Wie hast Du das damals erlebt? Und welche Auswirkungen hatte es für Dein späteres Leben und Deinen Beruf?

CF: Ich kippte in den frühen 1980er Jahren ganz tief in diese damals gerade entstehende Subkultur hinein. Die Punkexplosion hatte ich knapp verpasst. Die Postpunk-Szene, die ja noch keinen Namen hatte, zog mich als Mittelstands-Schüler mit Lesevorlieben wie Camus oder Baudelaire auch mehr an. Mich reizte dann vieles: Der Glamfaktor bei Bands wie Bauhaus oder Siouxie & The Banshees, die kondensierte Melancholie von The Cure zu „Pornography"-Zeiten und natürlich Joy Division. Aber auch extremere musikalische Bereiche, rund um frühe Industrial-Acts wie Throbbing Gristle oder Einstürzende Neubauten. Der Punkt für mich war aber, wie erwähnt, dass es noch keine Schublade für die – in Wien raren – schwarz gekleideten Gestalten gab, die von diesen Sounds schwärmten. Als ich bei einem Berlin-Aufenthalt zum ersten Mal ironisch das Wort „Gruftie" hörte, brach schockiert eine Welt zusammen. Ich verabschiedete mich in den späten 80ern dann radikal von dem, was ich alsbald als Klischeeszene empfand. Mir ist, über all die Dekaden und vielen popkulturellen Mutationen, aber ein Hang zu bestimmten Akkorden, Klängen, Bildern und Styles geblieben, der sicher auf meine *Gothic*-Roots zurückzuführen ist. Und dieser Einfluss prägt natürlich auch meine Wahrnehmung und meinen Beruf. Letzteren verdanke ich übrigens meinem Mentor, einem leider verstorbenen österreichischen Radiomacher namens Werner Geier, der all die genannten dunklen Bands mitten im Mainstream-Funk vorstellte. Er verschaffte mir auch einen Zugang zu Nick Cave, dem einzigen Musiker, der mich konstant seit Jahrzehnten begleitet, inklusive prägender Begegnungen.

MS: Mit Nick Cave verbinde ich auch sehr intensive Erinnerungen, sei es aus Konzerten – bei dem Frankfurter Konzert zu ‚The Good Son' fand ich mich unvermittelt in der Backstage wieder, was mich aber letztlich eher einschüchterte. Blixa saß gelangweilt herum und Cave genoss die Aufmerksamkeit bereits

wie heute. Mir ist die Musik später zu poppig geworden, so fand ich erst mit ‚Push the Sky Away' wieder zu ihm zurück. Ich kann nachvollziehen, dass man an einem bestimmten Punkt nach einem neuen Weg des Ausdrucks sucht, um ähnliche Dinge zu erleben und auszudrücken. Als DJ begann ich zwar im Gothicbereich, doch Mitte der 1990er Jahre faszinierte mich zusehends der morbide Pop von Portishead, Tricky und Massive Attack – eine eingänigere, aber nichtsdestotrotz ‚geisterhafte' Musik, wie Mark Fisher das beschrieb. Wie hast Du diese Zeit erfahren?

CF: Ich habe sehr euphorische Erinnerungen an diese ungemein innovative Zeit. Kurz davor erwischte mich, wie schon mehrmals in meinem Leben, eine Art „musikalische Depression". Das sind Phasen, in denen ich von aktuellen popkulturellen Entwicklungen ernsthaft gelangweilt bin – und auch der Rückgriff auf die Vergangenheit nicht hilft. Mitte der 1990er stagnierte für mich die weiße Gitarrenmusik, Noiserock, Grunge und Industrial wurden teilweise vom Mainstream verschluckt. Ich flüchtete mich zuerst in den Hip Hop, den ich schon seit seiner Frühzeit in den 80ern verfolgt hatte. Aber Trip Hop, um den Marketingbegriff zu verwenden, wurde dann zur Erleuchtung. Plötzlich mischten sich unterschiedlichste Musiken, die ich allesamt verehrte, zu etwas Neuem. Ein gespenstischer, melancholischer Großstadt-Soundtrack entstand, der von spannenden kulturellen Brüchen zehrte. Denn oft waren es schwarze Musiker wie Tricky, die neben dem Blues, dem Funk und Hip-Hop-Beats auch Elemente von leichenblassen Lieblingsbands aufgriffen. Dieser Aufeinanderprall der Welten funktionierte sehr organisch, weit entfernt von Reißbrett-Crossover. Wohl auch, weil Typen wie Tricky oder die Köpfe hinter Massive Attack sowohl Wurzeln in der Soundsystem-DJ-Szene als auch im Postpunk hatten. Ich war zu der Zeit auch musikjournalistisch sehr aktiv und hatte in Bristol, der Geburtsstadt des Trip Hop, Begegnungen mit Portishead oder 3D von Massive Attack. Ich erinnere mich auch an ein irrlichterndes Backstage-Interview mit Tricky, der ja die *Street-Credibility* eines Rappers mit der klassischen Aura des „leidenden Künstlers" verknüpfte.

MS: Als Jugendlicher hatte ich keinerlei Zugang zu Rap- und Hiphop, diese Trip-Hop-Varianten jedoch hatten es mir auch angetan. Überhaupt wurde die Popmusik in den späten 1990ern immer abgründiger, mit dem Wandel von Prodigy zum Elektropunk und dem fast schon symphonischen Gothic-Vibe von Portishead. Auch David Lynch hatte daran großen Anteil, ich erinnere mich an den großen Einfluss des Soundtracks von *Lost Highway,* der die morbiden Harmonien von Angelo Badalamenti mit brachialen Songs von Rammstein, Marilyn Manson und David Bowie verband. „I'm Deranged" war für mich auch eine Rückkehr zu dem Bowie, den ich schon 1982 liebte, als ich mir meine erste Vinylplatte kaufte – wegen des Songs „Cat People". Mir scheint, dass die erstaunlich entspannte Zeit vor dem New Yorker Anschlag 2001 dennoch eine Form des ‚Geisterhaften' in der Popkultur etablierte, das man heute vielleicht in Lana del Rey und Billie Eilish findet; diese Idee, neben der Zeit und der Welt zu leben, in einem ‚süßen Jenseits'. Gerade die Pandemie aktuell belebt dieses Gefühl nachdrücklich: Ein leicht surreales Lebensgefühl, die Welt erscheint ‚uneigentlich', als sähe sie nur alltäglich aus, doch berge ein schreckliches Geheimnis. Hinter jeder Ecke könnte das grüne Gitter der Matrix die Simulation entlarven. Hier kommt wieder David Lynch ins Spiel: Bei ihm entfaltet sich das Unheimliche unter dem Mantel des scheinbar bürgerlichen und alltäglichen und kann unmittelbar durchbrechen. Wir sind beide auch aktive Musiker. Hat dieses Lynch-Gefühl einen Einfluss auf Deine Arbeit mit Black Palms Orchestra oder Die Buben im Pelz?

CF: Definitiv. Lynch prägt mich persönlich ungemein, seit ich 1986 „Blue Velvet" gesehen habe. Damals wurde auch sein Debüt „Eraserhead" in Wien gezeigt, ein doppeltes filmisches Erweckungserlebnis. Beide Filme zogen mich sofort tief in ihre fremde und seltsame Welt hinein. Heute ist mir David Lynch aber sogar noch wichtiger als in früheren Lebensphasen, weil ich retrospektiv bemerke, wie einzigartig sein Schaffen ist. Der von dir angesprochene großartige *Lost Highway* Soundtrack steht, bei aller verbindenden Dunkelheit, auch für eine stilistische Offenheit, die ich ungemein inspirierend finde. Ob in manchen seiner Filme oder in der Serie *Twin Peaks*, vor allem in der dritten Staffel, prallen bei Lynch ja oft musikalische Gegensätze aufeinander. Ambientsounds, Metal, Pop, Country, Folk, Industrial, alles verschwimmt zu einem speziellen Stimmungsmix. Und dieser selbstverständliche Eklektizismus ist, neben der geisterhaften, mysteriösen Atmosphäre, wohl der Haupteinfluss auf mein Black Palms Orchestra. Deine verschiedenen Musikprojekte sind viel strenger definiert, aber das Unheimliche schwingt oft mit, gibt es Lynch-Referenzen?

MS: Auf jeden Fall bei meinem soundtrackartigen Projekt Vortex, das seinen Namen dem britischen Vortizismus entlehnt hat. Es geht um den kreativen Strudel der Energie, aus dem man als Künstler schöpft. Mit dieser Metapher sind wir schon sehr nah bei Lynch, dem es ja um Elektrizität – also flirrende Energie –, aber auch um ein atmosphärisches Rauschen und Dröhnen geht. Dieser Urklang, der ‚Drone' ist die Basis meiner Musik, in der dunklen Frequenz würde ich ihn direkt als ‚Black Drone' bezeichnen. Das ist ein Einfluss aus *Eraserhead, Blue Velvet, Lost Highway, Mulholland Drive*, aber zweifellos auch *Inland Empire* und *Twin Peaks 3*. In dem vorliegenden Buch behandle ich neben Brian Enos Ambientmusik den Film *Eraserhead* als einen Geburtsmoment dieser morbiden Klangästhetik. Im Sinne Mark Fishers (*Das Seltsame und das Gespenstische*, 2017), sehe ich darin einen ästhetischen Ausdruck unserer ‚haunted reality' – einem Alltagserleben, das von seinen eigenen Geistern heimgesucht wird, das eine Form des Unheimlichen und Irritierenden längst verinnerlicht hat. In den 1980er Jahren war der 3. Weltkrieg vorstellbar, und mit Tschernobyl trat die Katastrophe in unser aller Leben. Doch die Welt seit 2001 hat sich noch vielfach verstörender entwickelt – man kann manchmal schon denken, wir leben in einer Lynch-Realität. Und das umfasst seine unheimlichen Drones ebenso wie seinen ätherischen Dream-Pop (Julee Cruise, Christa Bell) und seinen sonstigen Eklektizismus. Das sehe ich dann auch in Deiner Musik, die ‚haunted' ist, aber manchmal einfach harmonisch darüber hinwegschmeichelt. In mir pulsiert da eher ein kriegerischer Gestus, der sich nach finsterem Pathos sehnt. Das mag auch erklären, warum ich zwischen Nick Caves *The Good Son* und *Push the Sky away* die Fühlung verloren hatte. Mit den elegischen Streicherarrangements von Warren Ellis kehrte das Unheimliche, Drängende in die Musik von Nick Cave zurück. Erst mit Songs wie „Jubilee Street" hatte ich wieder das Gefühl, Caves Musik hat etwas mit meinem Leben zu tun.

CF: Das verstehe ich absolut, dass es auch bei hochverehrten Künstlern Phasen gibt, wo man auf Distanz geht. Ging mir sowohl mit Nick Cave als auch David Lynch so. Ist auch besser als blindes Fantum. Hat man viele persönliche Bezüge zu Musikern, Regisseuren oder Autoren, bleibt man aber weiter stets gespannt auf ihr weiteres Schaffen. Bei mir funkte es bei Cave und Lynch irgendwann wieder gewaltig – und das hält bis zum heutigen Tag an. Das alles hat natürlich auch mit der eigenen Befindlichkeit und der jeweiligen Verfassung der Welt zu tun.

MS: Genau das finde ich wichtig: Dass uns Popkultur einen (neuen) Zugang zu unserem eigenen Leben ermöglicht, dass wir daraus etwas für unser Leben nutzen können. ich bin manchmal selbst überrascht, wie seismographisch Popmusik unseren Zeitgeist reflektiert – und ich rede von weltweiten Phänomenen wie Billie Eilish und Lana del Rey, die Sehnsüchte, Befindlichkeiten und Abgründe unserer Gegenart gleichermaßen aufgreifen können. Und all das kann man im Sinne von Mark Fishers Begriff der ‚hauntology' als Ghostpop begreifen. Was uns wieder zu Lynch zurückbringt ... Hast Du einen konkreten Bezug zu diesem Lebensgefühl? Bist Du ‚deranged for rock'n'roll', wie Chelsea Wolfe das ausdrückt?

CF: Oh ja. It's only Rock'n'Roll but I like it. Dabei hat mich jedenfalls nie ein konkreter Klang oder gar ein Vintage-Blickwinkel interessiert. Sondern eher ein gewisser Rock'n'Roll-Spirit, den ich im afroamerikanischen Blues finde, bei Elvis, The Velvet Underground, Suicide, The Birthday Party, aber auch Joan Jett, Electropunk, Peaches, The Kills oder die Yeah Yeah Yeahs gehören dazu. Die Stones natürlich auch und in jedem Fall meine Lieblinge Primal Scream. Da wird das von dir erwähnte Pathos in allen Fällen von einer bestimmten schwer definierbaren *Coolness* ausgebremst. Und die Dunkelheit trifft auf gleißendes Licht. Gerade weil ich Popkultur, wie du sagst, auch als Lebensbegleitung verstehe, brauche ich diesen Kontrast. Das Nachtschwarze und die glühende Sonne. Ich muss auch etwas sehr Privates gestehen: In Momenten, wo mir der Boden unter den Füßen weggezogen wurde, beim Tod der Eltern, bei Trennungen oder erkrankten Freunden, hat die kathartische Kraft des dunklen Pop oft nicht funktioniert. Da brauche ich Licht, Euphorie, Wärme. Ich liebe Melancholie, hab aber panische Ängste vor der Depression. All diese Gegensätze bestimmen meinen Kulturzugang und sicher das eigene Songwriting.

MS: Ja, ich stimme Dir zu, die Grenze zwischen Melancholie als einem inspirierenden Zustand und einer Depression ist schmal. In meiner Arbeit erlebe ich allerdings Wut (‚kreative Wut') als einen guten Motor, und mich machen eine Menge Dinge wütend. Daher habe ich den Blick in den Abgrund auch immer als notwendig empfunden, um mich auf das Schlimmste vorzubereiten. Das Leben erweist sich als konstante Mühe, daher ist Tanz zwischen Boden und Abgrund, zwischen Licht und Schatten elementar. Ohne diesen Abgrund würde nichts existieren, was uns wirklich angeht, aber wir brauchen das Licht, um den Blick in die Schwärze zu überleben ...

Literatur

Albert, Karl: Einführung in die philosophische Mystik, Darmstadt 1996.

Anzieu, Didier: Das Haut-Ich, Frankfurt am Main 1991.

Arns, Inke: Irwin Navigator: Retroprincip 1983-2003, in: dies. (Hrsg.): Irwin Retroprincip, Frankfurt am Main 2003.

Arns, Inke: Neue Slowenische Kunst – NSK. Laibach, Irwin, Gledališče sester Scipion Nasice, Kozmokinetično gledališče Rdeči pilot, Kozmokinetični kabinet Noordung, Novi kolektivizem. Eine Analyse ihrer künstlerischen Strategien im Kontext der 1980er Jahre in Jugoslawien, Museum Ostdeutsche Galerie, Regensburg 2002.

Aquino, Michael A.: The Church of Satan, San Francisco 1983 / 2002

Baddeley, Gavin: Goth Chic. A connoisseur's guide to dark culture, London 2002.

Baddeley, Gavin: Lucifer Rising, London 1999.

Badiou, Alain: Black. The Brilliance of a Non-Color. Cambridge 2017.

Barber-Kersovan, Alenka: Vom ‚Punk-Frühling' zum ‚Slowenischen Frühling'. Hamburg 2005.

Barthes, Roland: Mythen des Alltags [1957], Frankfurt 1964.

Baudrillard Jean: Oublier Foucault, München 1978 / 1983.

Benn, Gottfried: Gesammelte Werke, Band 4, Reden und Vorträge, München 1975.

Bersani Leo: Is the Rectum a Grave? AIDS: Cultural Analysis, Cultural Activism, Cambridge 1988.

Bey, Hakim: T.A.Z.: The Temporary Autonomous Zone, Ontological Anarchy, Poetic Terrorism, Brooklyn 2003.

Bohrer, Karl Heinz: Imaginationen des Bösen, München 2004.

Boon, Marcus: The eternal drone: good vibrations, ancient to future. In: Rob Young (ed.), Undercurrents: The Hidden Wiring of Modern Music, London 2002.

Buford, Bill: Geil auf Gewalt. Unter Hooligans, München / Wien 1992.

Büsser, Martin: Wie klingt die Neue Mitte? Rechte und reaktionäre Tendenzen in der Popmusik, Mainz 2002.

Bulgiosi, Victor / Gentry, Curt: Helter Skelter. Die wahre Geschichte des Serienmörders Charles Manson. Riva Verlag, München 2017.

Camus Albert: Der Mensch in der Revolte [1951], Reinbek b. H. 1991.

Clarke, John: Stil. In: Honneth, A./Lindner, R./Paris, R. (Hrsg.): Jugendkultur als Widerstand. Milieus, Rituale, Provokationen. Frankfurt am Main 1979, 133–157.

Cook, Nicholas & Pople, Anthony: The Cambridge History of Twentieth-century Music, Cambridge 2004.

Cox, Christoph & Warner, Daniel (eds): Audio Culture: Readings in Modern Music, London 2004.

Crowley, Aleister: Liber Al vel Legis. Das Buch des Gesetzes, Bergen/Dumme 1993.

Cufer, Eda: NSK Embassy Moscow: How the East Sees the East. Loza Gallery 1992.

Dath, Dietmar: Das mächtigste Feuer – Die Kriegsfantasie als Nukleus von Moderne und Gegenmoderne in Pop oder/und Avantgarde. 3: Wehrsportgruppe BURZUM: Heavy-Metal-Soldaten in Odins Rassenkrieg. In: testcard #9: Pop und Krieg. Ventil Verlag, Mainz 2000, 70–73.

Davenport-Hines, Richard: Gothic, New York 1998.

Davis, Stephen: Die Stones. Europa Verlag, Hamburg 2002,

Deleuze, Gilles: Nietzsche. Ein Lesebuch von Gilles Deleuze, Berlin 1979.

Deleuze, Gilles / Guattari, Félix: Anti-Ödipus, Frankfurt a.M. 1974.

Diesel, Andreas / Gerten, Dieter: Looking for Europe. Neofolk und Hintergründe, Zeltingen-Rachtig 2005.

Dinzelbacher, Peter (Hrsg.): Wörterbuch der Mystik (2. Aufl.), Stuttgart 1998.

Dornbusch, Christian / Killguss, Hans-Peter: Unheilige Allianzen – Black Metal zwischen Satanismus, Heidentum und Neonazismus. 3. korr. Auflage. Münster 2007.

Ellis, Bret Easton: Weiß. Köln 2019.

Elsaesser, Thomas: Specularity and Engulfment: Francis Ford Coppola and Bram Stoker's Dracula. In: Neale, Stephen u.a. (Hrsg): Contemporary Hollywood Cinema, London/New York 1998.

Ercolani, Eugenio / Stiglegger, Marcus: Cruising. Livrepool 2020.

Fischer, Lucy: Birth Traumas: Parturition and Horror in Rosemary's Baby. In: Cinema Journal 31 (1992), H. 3, S. 3–18.

Fischer, Mark: Das Seltsame und das Gespenstische, Berlin 2017.

Flückiger, Barbara: Sounddesign. Die virtuelle Klangwelt des Films, Marburg 2001 (3. Aufl. 2007).

Forbes, Robert: Death in June. Misery and Purity, Amersham 1995.

Freud, Sigmund: Totem und Tabu, Frankfurt am Main 1956

Gächter, Holger: Laibach. In: Büsser, Martin (Hrsg.): Testcard 1 - 1995 (September 1995): Pop & Destruktion, Mainz 1995, S. 100ff.

Gambade, Joséphine (2016): Rosemary's Baby. The Rise of a Satanic Society in he 1970s. In: Rabbit Eye – Zeitschrift für Filmforschung (ISSN 2192-5445), Nr. 10, S. 117–126. (http://www.rabbiteye.de/2016/10/gambade_rosemarysbaby.pdf – Stand: 1.12.2018).

Genet, Jean: Querelle [1964], Reinbek bei Hamburg 1974.

Giles, Jane: The Cinema of Jean Genet. Un chant d'amour, London 1991.

Goodall, Mark: Gathering of the Tribe. Music and Heavy Conscious Creation, London 2013.

Haarmann, Harald: Schwarz. Eine kleine Kulturgeschichte. Frankfurt am Main 2005.

Han, Byung-chul: Vom Verschwinden der Rituale. Eine Topologie der Gegenwart, Berlin 2019.

Hannaham, James: Bela Lugosi's Dead and I Don't Feel So Good Either. In: Grunenberg, Christoph Hrsg.): Gothic. Boston 1997, S. 119–90 (rückwärts paginiert).

Hanser, Eva-Maria: Ideotopie. Das Spiel mit Ideologie und Utopie der ‚Laibach-Kunst', Wien 2010, S. 5 (http://othes.univie.ac.at/8581/1/2010-02-05_0400246.pdf, abgerufen am 18. April 2011).

Hennigfeld, Ursula (Hrsg.): Poetiken des Terrors. Narrative des 11. September 2001 im interkulturellen Vergleich, Heidelberg: Winter 2014

Hoffmann, Dirk: Interview mit Laibach, in: Zillo Musikmagazin, Ausgabe 11, S. 48, November 1996.

Hoffmann, Dirk: Neofolk zwischen Heidentum und Verteufelung. In: Matzker, Peter / Seliger, Tobias (Hrsg.): Gothic! Die Szene in Deutschland aus Sicht ihrer Macher, Berlin 2000, S. 146-156.

Illger, Daniel (2018). Die Freiheit der Untoten: Sergio Corbuccis Il grande silenzio und George A. Romeros Night of the living dead. In Kappelhoff, Hermann / Lötscher Christine / Illger Daniel (Hrsg.): Filmische Seitenblicke: Cinepoetische Exkursionen ins Kino von 1968 (411–422). Berlin / Boston.

IRWIN: East Art Map, Cambridge 2006.

Jacke, Andreas: Traumpassagen. Eine Filmtheorie mit Walter Benjamin, Würzburg 2013.

Kantrowitz, Arnie: Hakenkreuzspielzeug. In: Thompson Mark (Hrsg.): LederLust. Der S/M-Kult. Berichte und Erfahrungen, Berlin 1993, S. 240–258.

Kilpatrick, Nancy. The Goth Bible: A Compendium for the Darkly Inclined. New York 2004.

Kristeva, Julia: The Kristeva Reader, London 1989.

Kristeva, Julia: Powers of Horror. An Essay on Abjection, New York 1982.

Kuhn, Markus / Scheidgen, Markus / Weber, Nicola Valeska (Hrsg.): Filmwissenschaftliche Genreanalyse. Eine Einführung. Berlin/Boston 2013.

Landis, Bill: Anger. The Unauthorized Biography of Kenneth Anger, New York 1995.

Levin, Ira: Rosemaries Baby, in: N.N. (Hrsg.): Angst, München 1988, S. 617-798.

Levin, Ira: „Stuck with Satan": Ira Levin on the Origins of Rosemary's Baby (https://www.criterion.com/current/posts/2541--stuck-with-satanira-levin-on-the-origins-of-rosemary-s-baby - 1.12.2018).

Littell, Jonathan: Das Trockene und das Feuchte, Berlin 2009

Miller, James: Die Leidenschaft des Michel Foucault [1993], Köln 1995 –

Monroe, Alexei: Interrogation Machine. Laibach and NSK, Massachusetts 2005.

Monroe, Alexei: Unsere Geschichte, in: Laibach: Anthems, London 2004 (CD-Booklet).

Musch, Gernot: Interview mit Laibach, in: Black Nr. 34, Darmstadt 2003.

Nicholls, Peter: The World of Fantastic Films. An Illustrated Survey, New York 1984.

Matzke, Peter / Seeliger, Tobias: Das Gothic- und Dark-Wave-Lexikon. Berlin 2002.

Mercer, Mick. Gothic Rock. Los Angeles 1994.

Mercer, Mick. Gothic Rock Black Book. London 1988.

Mercer, Mick. The Hex Files: The Goth Bible. Woodstock 1996.

Meyer-Gosau, Frauke / Emmerich, Wolfgang: Gewalt, Faszination und Furcht. Jahrbuch für Literatur und Politik in Deutschland 1, Leipzig 1994

Mlakar, Peter: Reden an die deutsche Nation, Wien 1993.

Mohler, Armin: Das Gespräch. Über Rechte, Linke und Langweiler, Dresden 2001.

Monroe, Alexei: Interrogation Machine. Laibach and NSK. Cambridge 2005.

Monroe, Alexei (Hrsg.): Sate of Emergence. A Documentary of the First NSK Citizen's Congress, Leipzig 2011.

Moynihan, Michael / Søderlind, Didrik: Lords of Chaos – Satanischer Metal: Der blutige Aufstieg aus dem Untergrund, Zeltingen-Rachtig 2005; englische Originalausgabe: Feral House, Los Angeles 2003.

N.N.: Shakespearefälschung: Wilfried Minks inszeniert Shakespeares „Macbeth", in: Die Zeit, 38/1987.

New Collectivism: Neue Slowenische Kunst, AMOK Books and Neue Slowenische Kunst. Los Angeles 1991.

Nym, Alexander / Thalheim, Daniel: Ausstellungseröffnung: Leipziger Dependance der NSK lädt zu Vorträgen und Performances ein, in: 6.6.2011, Leipziger Internet Zeitung (http://www.l-iz.de/Kultur/Ausstellungen/2011/06/Ausstellungseroeffnung-Leipziger-Dependance-NSK.html)

Oláh, Thomas: Ares und das Band der Charis. Militärische Elemente in der Mode, Wien 2008.

Park, Jennifer: Melancholy and the Macabre: Gothic Rock and Fashion. In: Steele, Valerie / Park, Jennifer: Gothic: Dark Glamour. Yale 2008.

Pastoureau, Michael: Black: The History of a Color. Princeton 2008.

Patterson, Dayal: Black Metal. Evolution of a Cult, Wittlich 2017.

Phleps, Thomas, Appen, Ralf von (Hrsg.): Pop Sounds. Klangtexturen in der Pop- und

Rockmusik. Basics – Stories – Tracks, Bielefeld 2003.

Pilling, Jayne / O'Pray, Mike: Into the Pleasure Dome. The Films of Kenneth Anger, London 1989.

Platz, Judith: Die ‚schwarze' Musik, in: Schmidt, Axel / Neumann-Braun, Klaus (Hrsg.): Die Welt der Gothics, Wiesbaden 2004, S. 253-284.

Potter, Keith: Four Musical Minimalists: La Monte Young, Terry Riley,

QRT: Drachensaat. Der Weg zum nihilistischen Helden, Berlin 2000.

Reich, Steve: Philip Glass, Cambridge 2002.Reichel, Peter: Der schöne Schein des Dritten Reiches, Frankfurt am Main 1993.

Reynolds, Simon. Rip It Up and Start Again: Postpunk 1978-1984. London 2005.

Ritzer, Ivo / Stiglegger, Marcus: „Where the Iron Crosses Grow". Der Eiserne Kreuz in der Populärkultur, in: :Ikonen: Nr. 11, Frühjahr 2008, S. 20–24

Rositzka, Eileen: Im Anagramm gefangen: Lektüren in und von Rosemary's Baby. In Kappelhoff, Hermann / Lötscher, Christine / Illger, Daniel (Hrsg.): Filmische Seitenblicke: Cinepoetische Exkursionen ins Kino von 1968 (pp. 153–162). Berlin / Boston 2018.

Schäfer, Horst / Baacke, Dieter: Leben wie im Kino. Jugendkulturen und Film, Frankfurt am Main 1994.

Scheugl, Hans: Sex und Macht, Stuttgart 2007, S. 297–303.

Schreck, Nicolas: Luzifers Leinwand, Graz 2018.

Seeßlen, Georg: Haut-Ich und Körper-Bild. Über die Repräsentanz des rechten Männerkörpers im Kino. In: Frölich, Margrit / Middel, Richard / Visarius, Karsten (Hrsg.): No Body is Perfect. Körperbilder im Kino, Marburg 2001, S. 97–110.

Seeßlen, Georg: Tintin, und wie er die Welt sah: Fast alles über Tim, Struppi, Mühlenhof & den Rest des Universums, Berlin 2011.

Shaviro, Steven: The Cinematic Body, Minneapolis/ London 1993.

Shekhovtsov, Anton: Apoliteic Music: Neo-Folk, Martial Industrial and „Metapolitical Fascism". In: Patterns of Prejudice, Vol. 43, No. 5 (2009), pp. 431-457 (http://www.shekhovtsov.org/articles/Anton_Shekhovtsov-Apoliteic_Music.html).

Shustermann, Karl: Kunst leben. Die Ästhetik des Pragmatismus, Frankfurt 1994.

Sobchack, Vivian: Screening Space: The American Science Fiction Film. New York 1987.

Sodergren, Kevin: Religion, Rebellion, Erneuerung. Neofolk im Kontext der postmodernen Philosophie. In: :Ikonen: Nr. 11, Frühjahr 2008, S. 28–31.

Sontag, Susan: Faszinierender Faschismus. In: dies.:

Im Zeichen des Saturn, Frankfurt am Main 1975 / 2000, S. 98–105.
Spaich, Herbert: Rainer Werner Fassbinder. Leben und Werk, Weinheim 1992
Speit, Andreas (Hrsg.): Ästhetische Mobilmachung. Dark Wave, Neofolk und Industrial im Spannungsfeld rechter Ideologien, Münster 2002
Steele, Valerie / Park, Jennifer: Gothic. Dark Glamour, New York 2008
Stephan, Cora, Gefühlskrüppel im Charakterpanzer. „Männerphantasien" von Klaus Theweleit, in: Freitag, 17.4.1992, S. 13.
Sternhell, Zeev: Faschistische Ideologie - Eine Einführung. Berlin 2002
Sternhell, Zeev: Die Entstehung der faschistischen Ideologie. Von Sorel zu Mussolini, Hamburg 2001.
Sternhell, Zeev: Von der Aufklärung zum Faschismus und Nazismus. Reflexionen über das Schicksal der Ideen im 20. Jahrhundert. In.: jour fixe initiative berlin (Hrsg.): Geschichte nach Auschwitz. Münster 2002
Stiglegger, Marcus: Grenzüberschreitungen. Exkursionen in den Abgrund der Filmgeschichte. Der Horrorfilm. Berlin 2018.
Stiglegger, Marcus (Hrsg.): Handbuch Filmgenre, Wiesbaden 2019.
Stiglegger, Marcus: Ikonen-Lichtung im Elyzium. In: Hoffert, Jennifer / Nym, Alexander (Hrsg.): Black Celebration. 20 Jahre Wave-Gotik-Treffen, Leipzig 2011, S. 158–167.
Stiglegger, Marcus: Mythische Räume im Film. In: Silke Martin / Anke Steinborn: Orte. Nicht-Orte. Ab-Orte. Mediale Verortungen des Dazwischen, Marburg 2015, S. 87–100.
Stiglegger, Marcus: Ritual & Verführung. Schaulust, Spektakel und Sinnlichkeit im Film, Berlin 2006.
Stiglegger, Marcus: Sadiconazista. Faschismus und Sexualität im Film, St. Augustin/ Remscheid 1999 (2. Aufl.).
Stiglegger, Marcus: Snuff. In: Koebner. Thomas (Hrsg.): Reclams Sachlexikon des Films, Stuttgart 2007, (2., aktualisierte und erweiterte Auflage), S. 653.
Stiglegger, Marcus: Terrorkino. Angst/Lust und Körperhorror, Berlin 2010.
Stiglegger, Marcus: The Killing Tide. Subkulturen im Film, in: Screenshot, Nr. 1 / 2001, 4. Jg., Heft 13, S. 16–21.
Stiglegger, Marcus / Musch, Gernot: „We are Time!" Anmerkungen zur Neuen Slowenischen Kunst und Laibach, in: :Ikonen:, Heft 5, 2004, S. 22–26.
Stimac, Nina: Laibach – Neue Slowenische Kunst, Interview mit Laibach, in: Subline Musikmagazin, Ausgabe 11, S. 59, November 1994.
Strauß, Botho: Der Aufstand gegen die sekundäre Welt. Bemerkungen zu einer

Ästhetik der Anwesenheit, München / Wien 1999.

Suárez, Juan Antonio: Bike Boys, Drag Queens, and Superstars: Avantgarde, Mass Culture, and Gay Identities in the 1960s Underground Cinema, New York 1996.

Sünner, Rüdiger: Schwarze Sonne. Missbrauch der Mythen im Nationalsozialismus, Berlin 2009 (erweiterte Neuauflage, inkl. DVD des gleichnamigen Films).

Tamm, Eric: Brian Eno: His Music and the Vertical Color of Sound. New York 1995.

Theweleit, Klaus, Männerphantasien, Bd. 1: Frauen, Fluten, Körper, Geschichte, Frankfurt a.M. 1977; Bd. 2: Männerkörper - Zur Psychoanalyse des weißen Terrors, Frankfurt a.M. 1978.

Thompson, Dave / Kirsten Borchardt: Schattenwelt · Helden und Legenden des Gothic Rock. Höfen 2004.

Thompson, Hunter S.: Hell's Angels, New York / London 1966.

Thompson, Mark (Hrsg.): Lederlust. Der S/M-Kult – Erfahrungen und Berichte, Berlin 1993.

Thomsen, Christian Braad: Rainer Werner Fassbinder. Leben und Werk eines maßlosen Genies [1991], Hamburg 1993.

Turner, Victor Witter: Das Ritual. Struktur und Anti-Struktur. Neuauflage. Campus, Frankfurt/New York 2005.

van Gennep, Arnold: Übergangsriten. 3., erweiterte Auflage. Frankfurt/New York 2000.

Vaxelaire, Jean-Louis: Death in June. Le Livre brun, Nancy 1993.

Williams, Tony: Hearths of Darkness. The Family in the American Horror Film. Jackson 2014.

Wolfson, Richard: Warriors of Weirdness, The Daily Telegraph, 4. September 2003.

Marcus Stiglegger
DIE GRENZTRILOGIE

Grenzkontakte
Exkursionen ins Abseits der Filmgeschichte

240 Seiten, farbige Abbildungen
ISBN 978-3-927795-73-0

Grenzüberschreitungen
Exkursionen in den Abgrund der Filmgeschichte
Der Horrorfilm
Vorwort von Buddy Giovinazzo

240 Seiten, farbige Abbildungen
ISBN 978-3-927795-80-8

Jenseits der Grenze
Im Abseits der Filmgeschichte
Vorwort von Dominik Graf

240 Seiten, farbige Abbildungen
ISBN 978-3-927795-84-6

Im Martin Schmitz Verlag

Frank Behnke/Klaus Beyer
Guðbergur Bergsson
Tabea Blumenschein
Marc Brandenburg
Andreas Brandolini
Jörg Buttgereit
Frieder Butzmann
Annemarie Burckhardt
Lucius Burckhardt
Paul Cabine
Françoise Cactus
Die Tödliche Doris
Heinz Emigholz
Valeska Gert
Brezel Göring
Ogar Grafe
Volker Hauptvogel
D. Holland-Moritz
Derek Jarman
Christian Keßler
Rosa von Praunheim
Elfi Mikesch
Wolfgang Müller
Claudia Reichardt / Wanda
Markus Ritter / Tobias Salathé
Kai Sichtermann / Jens Johler
Jacek Slaski
Marcus Stiglegger
Wenzel Storch
Anja Teske
Jamal Tuschick
Christof Wackernagel
Sabine Wackernagel

www.martin-schmitz-verlag.de